LA

RÉGÉNÉRATION DE LA FRANCE

PAR

L'INSTRUCTION ET L'ÉDUCATION RÉPUBLICAINES

PAR

M. EMILE ESCOFFIER

Avocat près la Cour d'Appel de Douai.

(Conférences publiques faites à Lille, à Orchies, à Somain, et interdites par le Préfet du Nord.)

« Le peuple qui a les meilleures écoles
» est le premier peuple du monde.
» S'il ne l'est pas aujourd'hui, il le
» sera demain. »
JULES SIMON : *L'École.*

—

« Dans cinquante ans, la France sera
» républicaine ou cosaque. »
NAPOLÉON Ier.

DOUAI
L. CRÉPIN, IMPRIMEUR DE LA FACULTÉ
23, rue de la Madeleine, 23.

1873

LA
RÉGÉNÉRATION DE LA FRANCE

PAR

L'INSTRUCTION & L'ÉDUCATION

RÉPUBLICAINES.

LA
RÉGÉNÉRATION DE LA FRANCE

PAR

L'INSTRUCTION ET L'ÉDUCATION RÉPUBLICAINES

PAR

M. EMILE ESCOFFIER

Avocat près la Cour d'Appel de Douai.

(Conférences publiques faites à Lille, à Orchies, à Somain, et interdites par le Préfet du Nord.)

> « Le peuple qui a les meilleures écoles
> » est le premier peuple du monde.
> » S'il ne l'est pas aujourd'hui, il le
> » sera demain. »
> JULES SIMON : *L'Ecole.*

> « Dans cinquante ans, la France sera
> » républicaine ou cosaque. »
> NAPOLÉON Ier.

DOUAI

L. CRÉPIN, IMPRIMEUR DE LA FACULTÉ
23, rue de la Madeleine, 23.

1873

PRÉFACE

C'est en vérité un temps étrange que celui où nous vivons. La République est le gouvernement légal du pays, et tout le monde a le droit de l'attaquer ; on ne rencontre d'obstacle que quand on la défend. C'est une recommandation dans toutes les administrations d'être royaliste, orléaniste, impérialiste, tout hormis républicain. Tous les préfets de la République ont la République en horreur, ne s'en cachent pas et agissent en conséquence. On dissout les sociétés républicaines, et les autres fonctionnent tranquillement. On interdit les conférences républicaines, et on laisse le champ libre aux autres, même quand les conférenciers ont un caractère officiel. On laisse injurier la République par les journaux monarchistes, et on poursuit devant les tribunaux les journaux républicains ou, ce qui est plus honteux, on les escamote, comme on a escamoté mes conférences républicaines.

J'ai fait dans le Nord plusieurs de ces conférences : toutes, sous des titres différents, avaient pour but de démontrer les bienfaits de l'instruction. Les mêmes idées reparaissaient donc sous des formes diverses. Ce sont ces idées que je viens de réunir dans une brochure que je livre aujourd'hui à la publicité.

Cette brochure est le résumé de toutes les opinions que j'ai émises dans les réunions publiques où j'ai eu l'honneur de porter la parole. J'ose espérer que cette compilation portera son fruit.

Le régime du bon plaisir m'a fermé la bouche. Je l'en remercie, car cet acte arbitraire prouve que j'ai fait quelque bien à ma cause. C'est le seul bonheur que j'ambitionne.

Quelques personnes pourraient croire que j'ai été l'objet de cette mesure injuste parce que j'émettais ce que l'on appelle des théories subversives. Mes théories subversives ont consisté à prêcher la morale et la vertu et à défendre la République, gouvernement légal du pays, contre les entreprises téméraires et insensées de ces hommes sans patriotisme qui ne consultent que leur intérêt personnel, et ne se soucient point de l'intérêt supérieur de la France.

Le public jugera de quel côté sont les théories subversives. Je le constitue jury d'honneur.

Emile ESCOFFIER.

Douai, le 25 octobre 1873.

A MONSIEUR ERNEST HAMEL.

Ex-vice-président de la Société des Gens de lettres de Paris, Conseiller général de la Somme.

Mon excellent maître et ami,

Vous êtes un des plus éloquents avocats de la cause dont j'ai pris en main la défense dans les conférences que j'ai faites à Lille, à Orchies, à Somain, et que je me proposais de continuer, si le Préfet du Nord n'avait jugé à propos de les interdire : l'instruction gratuite et obligatoire.

Permettez-moi donc de vous dédier cette brochure.

Acceptez-la comme un nouveau gage de mon éternelle affection.

Je mets vos deux mains dans les miennes.

Emile **ESCOFFIER.**

RÉPONSE DE MONSIEUR ERNEST HAMEL.

Mon cher Monsieur,

J'ai lu avec infiniment de plaisir la brochure que vous m'avez fait l'honneur de me dédier.

Il y a là d'excellentes choses, et vous êtes à pleines voiles dans la bonne voie.

Persévérez donc, on vous suivra.

Tout ce que vous avez dit est si honnête, si loyal, si français, qu'il est impossible que tous les cœurs généreux ne soient pas avec vous.

Recevez, avec tous mes compliments, toutes mes félicitations, ma cordiale poignée de main.

ERNEST HAMEL.

Un des écrivains les plus spirituels et des esprits les plus libres du 18ᵉ siècle, Duclos, voulant exprimer d'une manière piquante l'esclavage de la parole, à cette époque où il n'était permis de parler de rien, — mais où les philosophes trouvaient bien cependant moyen de parler de tout, disait un jour : De quoi vous parlerai-je, Messieurs ? Parlons de l'éléphant.

On en aurait pu dire autant sous le régime avilissant que nous avons subi pendant 18 années, et qui s'est effondré depuis sous le poids de ses propres fautes et malheureusement aussi de nos désastres. Mais aujourd'hui (1), grâce à la chute de ce régime, nous avons reconquis, du moins dans une certaine mesure, le droit de parler d'autre chose que de l'éléphant. Nous pouvons parler librement de la République, c'est-à-dire du sujet d'où dépendent le salut et l'avenir de la France, et qui a pour condition essentielle de vie l'instruction du peuple.

L'affluence du public attiré par ces réunions, votre accueil, vos applaudissements, me répondent de vos sympathies. Toutefois, je ne puis me flatter que, dans un auditoire aussi nombreux, où non-seulement mes amis politiques, mais tout le monde a pu venir, mes idées obtiennent l'assentiment de

---

(1) Nous étions alors sous le gouvernement de M. Thiers, et les monarchistes n'avaient point encore commencé leurs intrigues.

tous, mais je prie ceux qui ne se trouveraient pas
d'accord avec moi de vouloir bien m'écouter avec le
même respect de toute opinion sincère et la même
bonne foi que j'apporte moi-même dans l'expression
de mes idées. Si tous ne sortent pas [d'ici persuadés
par mes paroles, plus d'un peut-être en emportera-t-
il la matière de réflexions nouvelles. Quant à ceux qui
se trouveront en profond dissentiment d'opinion avec
moi, ils me causeront le plus vif plaisir, s'ils veulent
bien me faire l'honneur de venir à cette tribune com-
battre mes théories. Un vieux proverbe l'a dit : C'est
de la discussion que jaillit la lumière, et personne
plus que moi n'aime la discussion, lorsqu'elle est
loyale, bien entendu.

Après les terribles épreuves que nous avons traver-
sées, après les tristes et navrantes constatations que
nous avons faites, notre plus important devoir à tous
est de travailler, chacun dans la mesure de nos capa-
cités et de nos forces, à la restauration morale de la
France.

A cette œuvre de régénération, sont conviés tous
les hommes de bonne volonté, tous les citoyens
dignes de ce grand nom. Chacun doit apporter sa
pierre pour la construction du nouvel édifice, et lui
consacrer tout ce que son intelligence a de force, son
cœur de dévouement.

C'est pour remplir ce devoir que je me suis décidé
à faire des conférences dans cet intelligent département du Nord que je voudrais voir à la tête de la
démocratie. Les idées qu'elles renferment sont le
résultat de mûres réflexions, et j'ose dire qu'elles
reposent sur une foi robuste, sur des convictions
inébranlables.

Des lutteurs plus vigoureux descendront dans l'arène, leurs coups seront plus décisifs, leur dévouement à notre sainte cause égalera le mien, sans toutefois le dépasser. Si vous tenez compte de mes intentions, ce que j'espère, vous serez indulgents, ce dont je vous remercie.

Il faut refaire l'éducation et les mœurs de notre patrie. C'est le seul et infaillible moyen pour la France de redevenir ce qu'elle a été, c'est-à-dire véritablement grande, véritablement forte, véritablement admirable.

La chute a été effroyable.

La France est brisée!.. Pauvre France.

Brisée, profondément brisée, mais pas morte.

A nous ses enfants d'être ses médecins et de verser sur ses plaies le baume qui doit les guérir.

A nous de travailler sans repos ni trève à cette grande œuvre.

En France, à l'heure qu'il est, il ne doit y avoir que des travailleurs: travailleurs de la pensée et du corps, dont les efforts se confondent et s'unissent dans un but commun :

La régénération de la Société.

Si tous nous n'apportons pas un concours loyal et sans restriction à cette glorieuse entreprise, les ruines s'entasseront sur les ruines, et le déshonneur finira par laisser sa terrible et hideuse empreinte au front de notre patrie.

Le déshonneur, entendez-vous.

Elle est humiliée en ce moment, la Patrie, mais elle n'est pas déshonorée.

Ses sentiments ont toujours été généreux et ses aspirations toujours portées vers le bien.

Elle s'est perdue par excès de confiance et par abandon des principes.

Intervention plus grande de notre part dans les affaires du pays et retour aux principes, voilà deux remèdes efficaces.

C'est par la décentralisation que nous arriverons à une connaissance plus parfaite de nos affaires et à une participation plus complète à leur direction.

C'est par l'instruction et l'éducation sagement appropriées aux besoins moraux et matériels de notre société que nous retournerons aux principes.

Un pays qui veut être libre doit être éclairé, ou ses meilleurs sentiments lui deviennent un péril, et il est à craindre que ses droits surpassant ses lumières, il ne s'égare dans leur exercice le plus légitime.

On voit qu'à mesure que les sciences passent chez de nouveaux peuples, elles les transforment en d'autres hommes et qu'en leur donnant des inclinations et des mœurs plus douces, une police mieux réglée, des lois plus humaines, elles les tirent de l'obscurité où ils avaient langui jusque-là, et de la grossièreté qui leur était naturelle.

Ils deviennent ainsi une preuve évidente que, dans les différents climats, les esprits sont à peu près les mêmes, que les sciences seules y mettent une honorable distinction, selon qu'elles sont cultivées ou négligées, qu'elles élèvent ou rabaissent les nations, qu'elles les tirent des ténèbres ou les y replongent et qu'elles semblent décider de leur destinée.

En effet, la prospérité de l'État ne dépend pas seulement de l'abondance des revenus, de la solidité des remparts, de la beauté des édifices. Posséder des citoyens polis, instruits, honorables, d'une raison éclairée : voilà son premier intérêt, son salut et sa force.

Un des ministres les plus sérieux de la restauration, Monsieur Lainé, écrivait aux préfets le 20 mai 1816 : « Je ne vous répèterai pas combien il est urgent de régulariser enfin l'instruction primaire. Vous êtes comme moi convaincus de la nécessité d'arracher la classe indigente à l'ignorance profonde dans laquelle elle est plongée et qui n'est que trop souvent la source des délits et des crimes que les tribunaux ont à punir. »

Il faut l'avouer, il y a dans le cœur de l'homme une malheureuse fécondité pour le mal qui altère bientôt, dans les enfants, le peu de bonnes dispositions qui y restent, si les parents et les maîtres ne travaillent continuellement à nourrir et à faire croître ces faibles semences du bien, reste précieux de l'ancienne innocence, et s'ils n'arrachent avec un soin infatigable les ronces et les épines qu'un si mauvais fonds pousse sans cesse.

L'abjection et l'inaction deviennent, dans certaines familles abandonnées de Dieu, comme un hideux héritage ; on n'y connaît ni l'école, ni l'atelier, non pas même l'outil. On y fait de la mendicité une habitude d'abord, et ensuite une profession. On demande l'aumône et on hait celui qui la donne. Les plus dépravés volent. Les moins lâches assassinent. Ouvrez donc les comptes-rendus annuels de la justice criminelle. Vous ne connaissez de remèdes que le gendarme et l'aumône ! Nous en avons un troisième qui vaut mieux que le premier et mille fois mieux que le second, c'est l'école.

Si maintenant je prends dans le rapport à l'ex-Empereur sur l'instruction publique, rapport inséré dans le *Moniteur* du 6 mars 1855, cet aveu du ministre : Il est acquis que près du tiers de nos conscrits ne savent pas lire, que 36 _o/^o des conjoints sont incapables de signer leur nom, que ¿plus du cinquième de nos enfants ayant l'âge scolaire, et dont ¡l'absence de l'école a été constatée pour 1863, ou bien n'y sont pas encore allé, ou ont cessé trop tôt de s'y rendre, ou même n'y ont jamais paru, j'en conclus avec une profonde douleur que nous avons beaucoup a faire pour arriver au dernier mot de la Révolution à laquelle nous travaillons depuis 1791 ! Car ce dernier mot sera un système complet d'instruction populaire.

En conséquence j'estime que le moment est venu pour les riches de l'intelligence de tripler leur richesse en la partageant, et de demander, à grands cris, pour arriver à ce partage, l'instruction publique, gratuite et obligatoire.

L'éducation du peuple ! C'est là un intérêt tellement considérable, tellement lié au bien-être de la société, à ses progrès, à son avenir, qu'on se demande avec stupeur comment il se fait qu'en France cet intérêt souverain ait si longtemps tardé à devenir le principal objet des préoccupations publiques.

Ne nous plaignons pas trop, cependant. En proclamant le principe de l'éducation obligatoire et gratuite, la Révolution française jeta une semence qui n'a fructifié que bien tard, il est vrai, mais qui enfin a fructifié. Grâce au ciel, il n'est plus, le temps—c'était sous Louis XVI—où l'on trouvait tout simple que pas une obole ne fût dépensée pour l'instruction primaire et que trente-quatre millions fussent libéralement dépensés pour la *maison du roi!*

Il n'est plus le temps — c'était sous le premier

empire—où la sollicitude de l'État, en matière d'éducation populaire, était attestée par l'inscription, dans le budget, d'une somme de 4,000 fr., accordés aux frères de l'école chrétienne. Nous pouvons mesurer, sans trop de tristesse, le chemin parcouru, lorsque nous songeons qu'en tirant chaque année du Trésor royal une misérable somme de 50,000 fr. pour faire imprimer des ouvrages consacrés à l'instruction primaire, encourager leurs auteurs et fonder des écoles modèles, le gouvernement de la Restauration croyait payer largement la dette du pouvoir à l'intelligence humaine.

Oui, cela est certain : depuis la loi du 28 juin 1833, des progrès très notables ont été accomplis.

Sans doute il reste beaucoup à faire.

Mais qu'on se rappelle quel était, avant la loi de 1833, l'état des choses ! Dans une foule de communes, les conseillers municipaux ne savaient pas lire et savaient à peine signer. On comptait : dans tel canton, une école sur quinze communes ; dans tel autre, une école sur vingt-cinq communes. En fait d'instruction primaire, l'indifférence des familles pauvres était poussée si loin, qu'on put citer l'exemple de parents à qui l'on avait offert de l'argent pour qu'ils consentissent à envoyer leurs enfants à l'école et qui s'y étaient refusés. Qu'auraient-ils, du reste, appris, ces enfants, de la bouche d'instituteurs presque aussi ignorants qu'eux-mêmes, et dans des écoles qui n'étaient que des gardiennages ?

Aujourd'hui, rien de tel ; et à voir avec quelle force la doctrine libératrice de l'instruction primaire déclarée obligatoire et rendue gratuite a pris possession des esprits les plus élevés, des cœurs les plus

2

généreux, il est permis d'affirmer que le moment approche où les hommes du peuple cesseront d'être esclaves de l'ignorance, condition nécessaire pour qu'ils cessent un jour d'être esclaves de la pauvreté.

L'instruction et l'obligation forment un enseignement complet qui, s'adressant à l'esprit et au cœur, rend l'homme meilleur, et le prépare à bien accomplir ses devoirs dans la société.

Cet enseignement doit se trouver à l'origine de toute génération. Celle d'aujourd'hui est bien malade. Je ne sais pas si elle guérira complètement. J'espère au moins qu'elle profitera, tant pour elle-même que pour la direction à donner à ses enfants, des dures leçons que les événements viennent de laisser après eux.

C'est sur la génération future que reposent toutes nos espérances.

C'est elle qui relèvera le drapeau de la France.

C'est elle qui lui rendra sa couronne de vertus civiques et qui fera revivre les sentiments nobles et héroïques qui l'animaient autrefois.

La tâche est immense, mais elle n'est pas au-dessus de nos forces.

Adressons-nous à la jeunesse.

La jeunesse ! je n'en dirai pas de mal, je me frapperais moi-même, elle est sympathique, généreuse et chevaleresque. Mais il y a dans la jeunesse une sous-variété fatigante, ennuyeuse, égoïste, que les zoologistes ont oublié de classer. Elle a pour type le ramolli et comprend elle-même deux variétés que l'on appelle, dans une certaine littérature, la science leur ayant refusé un nom, *le cocodès* et le *petit crevé*.

Dans ces derniers temps, ces ridicules variétés s'étaient multipliées, beaucoup trop multipliées en France.

Demandez-leur, à ces sauvageons de l'espèce humaine, ce qu'ils ont fait pendant l'invasion ennemie, ce qu'ils ont fait pendant la guerre civile.

S'ils pouvaient être considérés comme des hommes, ils auraient de terribles comptes à rendre à la société. Pauvres sauvageons ! Ils se sont développés en dehors des principes d'une culture saine et rationnelle.

Ayons pitié d'eux, essayons de les soumettre à une bonne méthode, et, peut-être, étant améliorés par un solide enseignement, redressés par une discipline sévère, et fortifiés par de bons exemples, arriveront-ils à produire quelques fruits savoureux. Surtout n'en laissons pas augmenter le nombre.

Les conseils municipaux votent des fonds pour les travaux d'édilité qui peuvent donner satisfaction au commerce et à l'industrie, rendre la vie confortable et procurer des jouissances matérielles au plus grand nombre.

Et les jouissances morales ? On les a négligées.

Sans doute le moment est mal choisi pour demander des sacrifices d'argent. Cependant, il faut, et c'est une nécessité sociale, augmenter le budget de l'instruction primaire.

Naguère on trouvait 26 millions pour fonder le nouvel Opéra, près de 2 millions pour la subvention des théâtres de Paris, et le budget de l'instruction primaire ne s'élevait qu'à 7 millions et demi.

Honte !

Les temps sont changés, les chiffres aussi doivent

changer, et il faut attribuer les plus gros à l'instruction primaire.

Songeons à l'école !

Que l'instruction y soit solide, gratuite et obligatoire.

Qu'elle ait pour base la morale ; que l'instituteur surtout joigne le bon exemple au bon enseignement, qu'il soit surveillé, aidé, encouragé.

L'instituteur ? Ah ! sa mission est faussée en tous points, à ce malheureux fonctionnaire. Un ancien ministre de la royauté, disait, en parlant de ces modestes et utiles gens de bien :

« *Je les veux honorés, mais pauvres,* » comme si dans le siècle que nous traversons, on honore les gens pauvres !

Dans tous les cas, comme le dit fort bien M. Emile Delannoy, auquel j'emprunte ce passage, si on a voulu dans l'instituteur un fonctionnaire pauvre, il faut reconnaître que l'on a réussi d'une façon merveilleuse. Ses appointements sont fixés à 700 fr. par an et rien de plus. Je dis rien de plus, car on ne saurait tenir compte du logement que lui donne la commune dans la maison d'école, et nous ne sommes pas très éloignés de l'époque où, dans bien des villages, l'instituteur était réduit à faire la classe dans la seule pièce qui lui servait de chambre à coucher pour lui et sa famille.

Nos hauts fonctionnaires administratifs et son Excellence le Ministre grand maître de l'Université ne pouvaient pas descendre à de pareils détails, ils étaient sénateurs et par suite absorbés par l'importance de leurs fonctions. Voyons sous eux, ce que gagne par jour un instituteur. J'arrive à une triste conclusion ; ce fonctionnaire doit vivre et faire vivre les siens avec la somme de 1 fr. 91 c., par jour et encore ce calcul pêche-t-il, rigoureusement parlant, puisque en vue d'une retraite qu'il ne peut parvenir à faire liquider facilement, lorsque l'âge lui en donne les droits , on opère sur son traitement la retenue du 20e, soit 50 %. Voilà comment en France nous rénumérons ces hommes dont l'influence est immense pour l'avenir des sociétés.

Qu'ils se gardent bien de faire des dettes et qu'ils ne pêchent pas par la tenue! leur dignité en serait atteinte, et ils seraient immédiatement frappés par la déconsidération publique.

Je me suis souvent demandé si ,en écrivant de pareilles monstruosités pour leurs subordonnés, les chefs, touchant de gros traitements et travaillant fort peu, pouvaient retenir le rire. On ne manquera pas de me dire : «L'instituteur peut, en dehors de ses fonctions, avoir une autre occupation. » D'abord, ses fonctions l'absorbent la plus grande partie de la journée, et ensuite je répondrai armé de la loi : « *Toute profession commerciale ou industrielle est interdite à l'instituteur.* »

Je reviens à la parole de l'ancien ministre de la monarchie : « *On le veut pauvre,* » il l'est bien réellement, car on lui en impose les moyens ; s'il n'est pas *honoré*, il sera frappé de révocation. Voilà un problème pour moi inextricable ; à l'instituteur d'en trouver la solution, s'il veut continuer à vivre de cette vie de labeur et de misère.

Dans quelques communes où l'instituteur a su se concilier les bonnes grâces du maire, ce magistrat lui abandonne *généreusement* une petite somme de *quarante francs* portée au budget municipal, à l'article frais de bureaux. Pour ce faible surcroît d'émoluments, il devient secrétaire de la mairie, et accepte toutes les responsabilités de la situation.

Il est une corvée qu'il est obligé de subir sans qu'elle lui rapporte une obole : c'est celle de l'église, et le curé est exigeant ; malheur à l'instituteur qui regimbe, le pieux desservant le poursuivra de sa haine et ne lâchera pas facilement sa proie. Vous connaissez le vers de Voltaire sur la vengeance :

Les prêtres la défendent et la gardent pour eux.

L'instituteur doit chanter au lutrin, assister aux baptêmes, aux enterrements, aux mariages. J'en connais un, aujourd'hui instituteur libre à Paris, qui a été révoqué de ses fonctions. Il était dans une commune de la grande banlieue de Paris.

Pour obtenir son renvoi, le curé l'avait dénoncé, poursuivi, traqué contre un libre penseur. Quel était son crime ? Il avait refusé de balayer l'église, et l'usage introduit par M. le curé dans la paroisse réservait cette haute faveur à l'instituteur. Mon malheureux ami n'avait pas su apprécier un tel excès d'honneur.

On basa sa révocation sur son mauvais caractère.

Il est inutile de parler de la contrainte dans laquelle il vit, au point de vue du devoir religieux ; tout instituteur qui *ne s'approche pas des sacrements*, et cela plusieurs fois dans le cours de l'année , ne peut se maintenir dans sa commune, il y donne le mauvais exemple, et est chassé comme une bête dangereuse.

L'instituteur doit être dégagé de l'influence cléricale, qui sera elle-même entièrement paralysée lorsque la séparation de l'État et des églises sera un fait accompli. La commune lui accordera une rétribution convenable, afin qu'il subvienne à ses besoins qui, pour être modestes, n'en sont pas moins impérieux : si la commune est trop pauvre, le département, au besoin la République viendraient à son secours.

L'instituteur doit être considéré comme un des fonctionnaires importants de sa localité, vivre entièrement de leur existence, et hors de sa classe, recouvrer toute sa liberté d'action. C'est dans ces conditions qu'il rendra les services les plus utiles, qu'il sera apprécié, justement considéré, et que les générations à venir, ainsi formées, ne porteront plus en elles l'empreinte de la servitude et du despotisme.

J'ai dit tout à l'heure les mots gratuite et obligatoire en parlant de l'instruction. Ces mots qui ont soulevé de vives colères sous le ministère de M. Duruy, seront, j'espère, plus facilement acceptés aujourd'hui, car il n'est pas d'esprit sain, d'âme honnête qui ne reconnaisse que l'instruction obligatoire est, dans les circonstances actuelles surtout, le plus puissant moyen de salut pour la société.

On dit que proclamer l'instruction obligatoire en France c'est commettre un attentat contre la liberté.

L'impôt, sous ses diverses formes et le service militaire seraient donc aussi des attentats à la liberté.

Le principe de l'enseignement obligatoire, a-t-on dit, blesse la liberté du père de famille, gêne l'exercice de la puissance maternelle. Je réponds à cette objection la loi en main : L'article 203 du Code civil est ainsi conçu : « Les époux contractent ensemble, par le fait seul du mariage, l'obligation de nourrir, entretenir, et élever leurs enfants. »

Élever leurs enfants ! Qu'est-ce que cela veut dire? Le savant professeur de droit, M. Demolombe, explique fort bien que : Élever leurs enfants cela veut dire: « 1° Former leur cœur, développer leur intelligence, régler leurs habitudes et leurs mœurs ; 2° Leur donner le genre d'instruction et d'éducation convenables à leur fortune et à leur condition sociale. » Et rémarquez que la loi n'accorde aux pères la jouissance des biens de leurs enfants jusqu'a l'âge de 18 ans accomplis ou jusqu'à l'émancipation qui pourrait avoir lieu avant l'âge de 18 ans (art. 384) qu'à condition de pourvoir à leur nourriture, à leur entretien, à leur éducation, selon leur fortune.

C'est une des charges imposées par l'article 385, c'est une sanction à l'art. 203. En l'absence de jouissance légale, M. Demolombe demande « qu'il ne soit pas dit que l'obligation imposée par l'art. 203 sera toujours absolument dépourvue de toute sanction: c'est enfin qu'il soit reconnu que l'art 203, renfermera, au besoin, s'il le faut, le droit d'agir en justice pour obtenir juridiquement l'accomplissement de l'obligation imposée. « Évidemment, M. Demolombe ne va pas jusqu'à dire que les enfants peuvent diriger une action contre leur père, l'art. 204 s'y oppose ; mais il donne ce droit à la mère ou à son défaut au subrogé-tuteur, aux parents, à un des membres du conseil de famille convoqué d'office par le juge-de-paix. Voilà une réponse catégorique à l'objection.

Au reste, l'autorité paternelle a bien d'autres restrictions de par le Code civil que je n'ai pas le loisir d'énumérer aujourd'hui. J'en conclus que, quand je vois la loi se permettre une foule de licences avec l'autorité paternelle, je la considère à bon droit comme armée, pour protéger dans l'enfant mineur un droit presque aussi sacré que celui de vivre.

Le principe de l'instruction obligatoire est donc dans nos lois, non-seulement comme conséquence virtuelle de l'obligation de donner l'enseignement imposée à l'État, aux départements et aux communes, mais en termes exprès, en quelque sorte à visage découvert, dans l'article 203 du Code civil.

On pourrait même dire, ajoute Jules Simon, sous l'autorité duquel j'aime à me placer en cette matière, qu'il est dans toutes nos lois sur l'instruction secondaire; sans doute, on n'est pas obligé de présenter son fils à l'examen du baccalauréat; mais s'il n'est pas bachelier, on ne peut en faire ni un médecin, ni un avocat, ni un avoué, ni un notaire, ni un élève de l'école spéciale militaire, ni un auditeur au conseil d'État, ni un employé au ministère des finances ; c'est-à-dire que toutes les carrières se ferment pour lui. Et la bourgeoisie ne réclame pas. Elle met ses enfants au collége et les fait passer sous le joug du baccalauréat, sans se croire le moins du monde opprimée. Et c'est elle, elle-même qui jette les hauts cris, si nous voulons obliger de la même façon, les enfants du peuple à fréquenter les écoles primaires ! Elle-même, sans aucun doute ; car, pour le peuple des ateliers, loin de se croire opprimé par l'instruction obligatoire, il la demande à grands cris ; et le jour où la loi forcera tout le monde à savoir lire, il se croira plus rapproché que jamais de la liberté.

Allons, n'ayons tous qu'une passion, celle de voir notre pays libre, n'ayons qu'une ambition, celle de pouvoir dire, qu'après avoir travaillé à la conquête de la Liberté, nous avons contribué à la rendre impérissable, en donnant à l'instruction un nouvel et énergique essor.

Il faut donner à tous et à chacun, sans distinction aucune, l'instruction première et la rendre obligatoire pour tous, il faut donner gratuitement l'instruction de tous les degrés à ceux qui, par leurs aptitudes, méritent de la recevoir, et peuvent, chacun suivant sa spécialité, être utiles à la Société.

En ne faisant pas ainsi, la Société se prive des forces vives et intellectuelles de ses enfants.

Elle laisse le parasitisme envahir les places que ne doivent occuper que ceux qui en sont dignes.

Elle va fatalement à une déchéance qui diminue ses forces et sa valeur, et qui lui fera perdre le premier rang qu'elle a le droit de tenir dans la civilisation moderne.

Voyez comme ce droit est compris et rempli dans les pays républicains. Allez en Suisse : dans les plus petits comme dans les plus grands cantons, vous rencontrerez sur votre passage des édifices dont la grandeur vous étonnera.

Demandez ce que sont ces édifices : ce ne sont pas des palais, ce ne sont pas des casernes, ce sont les écoles du peuple. Savez-vous ce que dépense cette petite République de Genève pour l'instruction publique? Le quart de son budget total. Aussi n'y a-t-il point là, —et il en est de même dans tous les cantons de la Suisse, — un seul citoyen qui ne sache lire et écrire, et la loi peut-elle exiger, comme il faudra qu'elle le fasse en France, quand nul n'aura plus le droit d'alléguer son ignorance, que chacun écrive lui-même son bulletin de vote dans la salle du scrutin.

Voyez en Amérique. Il est impossible de ne pas être frappé de l'activité prodigieuse qui règne partout; tout remue, tout marche; mais où est le moteur? Le moteur, c'est l'école; c'est l'école qui a donné à tous ces hommes le goût et le respect du travail. Et derrière ces écoles quel est le machiniste? Quel est l'homme qui a fondé, qui a inventé cette prodigieuse organisation? Cet homme dont à peine en France nous commençons à prononcer le nom, cet homme, qui est mort en 1850, c'est Horace Mann. Retenez ce nom, car c'est celui d'un des bienfaiteurs de son pays; l'Amérique reconnaissante lui a élevé une statue. Une statue à un maître d'école? Heureux pays qui ne connaît pas ces statues à cheval, avec un bonhomme coiffé d'un chapeau en métal et brandissant une grande épée, mais qui élève une statue aux véritables héros, aux héros de l'humanité !

On dit encore contre l'instruction obligatoire: Priverez-vous un père de son enfant, si celui-ci peut lui être de quelque utilité, et si cet homme ne parvient pas à suffire aux besoins de sa famille ?

Un enfant n'est pas un capital, ni un instrument de fortune, et un homme doit toujours pouvoir nourrir sa famille par son travail; s'il ne le peut pas, c'est à l'Etat, à la société à lui venir en aide.

C'est là un principe de justice indéniable. Chateaubriand l'avait dit lui-même : « Un jour viendra où l'on ne comprendra pas qu'un homme ait eu 200,000 livres de rente, tandis qu'un ouvrier laborieux ne pouvait nourrir sa famille en offrant ses bras au travail. »

Le principe que l'État doit aider l'homme qui ne peut parvenir à nourrir sa famille avait été reconnu il y a plus de 18 siècles. Dans l'ancienne Grèce, les Thébains enjoignirent aux parents incapables de nourrir leurs enfants de les remettre aux magistrats. Ceux-ci étaient chargés de pourvoir à leur entretien.

La première nécessité est de cultiver l'intelligence de l'enfant, car c'est le mettre au niveau de la bête brute, c'est le livrer à toutes ses passions, à tous ses instincts que de l'abandonner à lui-même sans instruction.

Je n'insiste pas sur la gratuité, qui est une conséquence forcée de l'obligation.

Enfin on prétend que l'instruction obligatoire est excellente en théorie, mais qu'elle est inapplicable. « Dans les petits hameaux, parfois situés au milieu des montagnes, dit-on, comment instruira-t-on les enfants? Les enverra-t-on à la commune voisine?... Elle est le plus souvent trop éloignée ! »

On cite là des cas particuliers fort rares. Il n'existe pas beaucoup de hameaux situés à une grande distance de la commune et dans les montagnes ; l'État peut fonder, sans grande dépense, des écoles spéciales pour ces quelques hameaux. Avec de pareilles objections, de pareils arguments, comment aurait-on établi un service de poste aux lettres régulier ? Au premier abord, cela parut certainement une difficulté insurmontable.

Du reste, la question des difficultés matérielles est résolue, puisque la loi sur l'instruction obligatoire est appliquée en Suisse, en Autriche, en Italie, en Suède et en Norvège, en Angleterre, en Amérique et même en Turquie.

Donc, en pratique cette loi peut-être, en théorie, elle doit être.

Mais, voilà ! les classes dirigeantes s'opposent à cette réforme !

Mirabeau avait bien jugé les hommes qui redoutent tant l'instruction : « Ceux qui veulent que le paysan ne sache ni lire ni écrire, disait-il, se sont sans doute fait un patrimoine de son ignorance, et leurs motifs ne sont pas difficiles à apprécier. Mais ils ne savent pas que, lorsqu'on a fait de l'homme une bête brute, l'on s'expose à le voir à chaque instant se transformer en bête féroce. Sans lumières, point de morale. Mais à qui importe-t-il donc de les répandre, si ce n'est au riche ? La sauvegarde de ses jouissances, n'est-ce pas la morale du pauvre ? »

Et, ce que nous cherchons en cultivant la pensée de l'enfant, c'est surtout de pouvoir placer dans son jeune cœur les principes de la morale.

Pour quiconque étudie les causes de la décadence des nations, il résulte qu'elles ne peuvent se relever qu'en se retrempant à ces trois sources pures de toute moralité et de toute bonne conduite humaine : la religion bien entendue, la religion de la conscience, selon moi, le devoir et l'honneur, qui en dérivent.

Cependant, il est des personnes qui hésitent, il en est même qui redoutent tout développement des jeunes esprits, et qui au nom même de la religion, au nom de Dieu, s'il vous plaît, viennent nous demander l'assoupissement de l'intelligence humaine et la nuit profonde de l'âme. J'honorerai toujours ce noble motif, respectant tout ce qui est respectable, et toutes les personnes qui pourront l'alléguer sincèrement.

Néanmoins, (et je pense ici comme mes adversaires devraient penser,) j'éprouve un indicible étonnement à la vue des contradictions frappantes, étranges , incroyables mêmes . dans lesquelles je les trouve embarrassées. Si je demande d'où vient à l'homme l'intelligence qui le distingue de la brute, on me répond avec assurance : C'est un don du Ciel. Mais s'il en est ainsi, l'intelligence doit être cultivée dans l'enfant par l'éducation ; car c'est un talent qui nous est donné pour le faire valoir comme tous les autres et qu'il n'est jamais permis d'enfouir. S'il en est ainsi, la culture de l'intelligence ne peut pas être funeste à la religion , car le Créateur a fait l'homme pour être le prêtre de la nature, et le Créateur ne se contredit pas comme les aveugles mortels. Il ne saurait tendre un piége à ses créatures, ni détruire d'une main ce qu'il fait de l'autre.

Quelle est donc cette crainte que l'on manifeste ? C'est d'abord une terreur panique, et c'est ensuite une irrévérence envers l'auteur de notre être, puisqu'elle blâme en secret son ouvrage, irrévérence qui devient une véritable révolte contre le Ciel, dès qu'elle entreprend d'étouffer dans la jeunesse, l'intelligence qui doit s'épanouir comme la fleur.

Si je demande encore d'où vient que l'homme a de la religion et que la brute n'en peut avoir, on me dira que la brute est sans intelligence, qu'elle a toute sa pensée tournée vers la terre comme ses regards, tandis que l'homme, doué de raison, peut saisir le spectacle de l'univers, en admirer l'ordre et la beauté, et remonter ainsi de merveille en merveille jusqu'au Créateur, pour lui porter ensuite le doux hommage de la reconnaissance et du respect. Voilà donc, d'après nos adversaires eux-mêmes, l'ingratitude qui est le fruit de la stu- pidité, et voilà la religion qui sort du sein de la lumière !

Mais, laisser le peuple dans l'ignorance, c'est la joie, la paix, la félicité des grands de la terre. Conscience, morale, honneur, devoirs, les principes les plus sacrés comme les plus nobles sentiments ne doivent être pour le peuple qu'une espèce de rêve, de brillants et légers fantômes qui se jouent un moment dans le lointain de la pensée, pour disparaître bientôt sans retour. Il faut qu'il contemple avec un égal dégoût, la vérité et l'erreur, afin de les confondre dans un commun mépris; dernier excès de dépravation intellectuelle où il lui soit donné d'arriver.

Or, quand on vient à considérer ce prodigieux égarement, on éprouve je ne sais quelle indicible pitié pour la nature humaine : car, se peut-il concevoir de condition plus misérable que celle d'un être également ignorant de ses devoirs et de ses destinées ; et un plus étrange renversement de la raison, que de mettre son bonheur et son orgueil dans le maintien de cette ignorance même, qui devrait être bien plutôt le sujet d'un inconsolable gémissement ? »

Il résulte des mémoires des instituteurs compulsés par un ancien conseiller d'État, que l'indifférence du père est la cause principale de l'abrutissement du fils. Qui ne connaît toutes ces fins de non recevoir de l'homme qui refuse l'instruction à son enfant ?

On ne savait rien de cela autrefois, on n'en était pas moins heureux.

Mon fils en sait assez pour faire comme moi.

Je n'ai jamais rien su, mon fils n'en saura pas davantage,

On n'a pas besoin de savoir lire pour cultiver la terre.

Mon fils n'ira pas à l'école parce que je n'y suis pas allé.

Je ne veux pas que mon fils soit au-dessus de moi. Je ne veux pas en faire un avocat, etc., etc. , etc.

C'est une règle générale: moins on sait, moins on veut savoir, moins on veut faire savoir. Eh bien ! il s'agit de repousser, de vaincre, d'anéantir cette opposition sauvage du père de famille, il s'agit de donner une sanction sérieuse à l'article 203.

Allons , allons, soyons conséquents avec nous-mêmes, et véritablement amis de notre pays , et nous saluerons avec bonheur l'avènement de l'instruction obligatoire, que je réclame pour la femme comme pour l'homme, à un aussi haut degré pour la femme que pour l'homme.

Avec notre organisation sociale, en effet, et j'emprunte encore ce passage à M. Delannoy, je ne saurais mieux dire, la femme est condamnée à vivre dans l'ignorance la plus absolue, ou à recevoir une éducation frivole, qui est quelquefois pire que l'ignorance même. Tant que cette éducation si regrettable ne deviendra pas sérieuse, nos filles continueront d'être la proie des prêtres et des libertins. Et avec des femmes bigottes ou dissolues, souvent même, à la fois bigottes et dissolues il ne faut pas espérer avoir une nation grande et libre.

Quel est dans nos centres industriels et dans nos campagnes la situation faite à la femme ? La grande majorité n'ayant pu aller à l'école ne saura jamais ni lire, ni écrire, ni compter. Vous rencontrez ces malheureux enfants par bandes , à demi-nus ou couverts des haillons de la misère dans les carrefours et dans les cités ouvrières, attendant que le moment du repas ramène leurs parents au logis, mais cette heure s'écoule rapidement et les chefs de la famille rentrent de nouveau à l'usine, abandonnant encore leurs enfants à tous les dangers de l'oisiveté.

Les années se passent, l'enfant grandit, l'intelligence et le cœur sont sans culture, mais ses faibles doigts peuvent commencer à rendre de petits services à l'atelier, et la mère qui compte sur les quelques sous qu'elle gagnera, je n'ose dire pour le bien-être de la famille, mais pour atténuer un peu sa misère, n'hésite pas à la jeter dans la voie fatale qu'elle a elle-même, et dans les mêmes conditions, tristement suivie.

A l'atelier règne une liberté de langage que l'on ne saurait trop blâmer, on ne s'y rend pas assez compte du respect que l'on doit à l'enfance et des impressions faciles qu'elle subit. La jeune fille y entend les plaisanteries les plus crues, les propos les plus obscènes; quand elle commence à les comprendre, elle rougit, sa pudeur en est alarmée, elle se fâchera, mais ses plaintes seront accueillies par un rire moqueur; elle s'y habituera peu à peu, et un beau jour elle trouvera sur sa route un misérable qui, si elle a un physique agréable, lui jettera le mouchoir.

Elle n'osera confier à sa mère les propositions qu'elle a reçues, mais elle sait par l'expérience de ses compagnes que son refus entraînera pour elle la malveillance de son chef, peut-être même son renvoi de l'atelier, et elle ne saurait l'expliquer à sa famille, qui le lui reprocherait avec amertume. Comme son ignorance absolue ne lui permet pas d'avoir conscience de sa dignité, qu'elle n'a pas de notions arrêtées sur la morale, elle cédera au courant qui l'entraîne. Cette première faute ne tardera pas à être suivie d'une seconde ; bientôt elle ne les comptera plus, et la malheureuse enfant augmentera le nombre des filles perdues. Pauvre victime de l'ignorance ! Elle est plus à plaindre qu'à blâmer.

Supposons au contraire la femme préparée à la vie par une instruction morale suffisante, ces dangers disparaissent avec la cause qui les produit. Il faut donc de toute nécessité organiser l'enseignement des jeunes filles parallèlement à celui des garçons, tracer un programme des connaissances nécessaires, et le rendre obligatoire dans le plus bref délai. A sa sortie de l'école, possédant cette instruction générale, la jeune fille rentrera à la maison pour être occupée aux soins du ménage ou à d'autres travaux sous les yeux de sa mère. Sous une bonne direction, elle pourra gagner une partie de son salaire qu'elle va aujourd'hui chercher au dehors et elle se préparera à être un jour une bonne femme de ménage.

Honnête, énergique, laborieuse et rangée, la femme apportera presque toujours le bonheur, souvent même l'aisance au logis. Sous son influence salutaire, le mari lui-même s'améliore, et les enfants acquièrent des sentiments et des habitudes, dont ils conserveront la trace toute leur vie. La femme est la cheville ouvrière du foyer domestique, aussi ne saurait-on assez se préoccuper des moyens de la moraliser.

Prenons maintenant la femme du monde. —

L'ignorance érigée en système par rapport à cette femme est encore plus funeste qu'injuste.

Maris, qui redoutez si fort l'instruction, vous ne redoutez donc pas l'ignorance ?

Cette majestueuse autorité que votre esprit inquiet enserre avec tant de jalousie, et que vos mains débiles

maintiennent avec des freins, hélas ! si souvent insuffi-
sants, vous la croyez donc bien dûment garantie par
l'amoindrissement de celle sur laquelle elle doit s'exer-
cer !

Vous ne vous dites pas que l'obstacle qu'on n'ose
braver, on l'élude ; que la montagne qu'on ne peut
gravir, on la tourne, et que l'œuvre de la force a toujours été de produire la ruse ?

Vous ne craignez pas que vos propres armes se
retournent un jour contre vous, et que, dans le vide
de son esprit et l'oisiveté de son cœur, cette femme, à
qui appartiennent désormais l'avenir de vos enfants
et l'honneur de votre famille, ne cherche, en dehors
de son monotone foyer, des émotions plus imprévues
et des joies plus vivantes ?...

Vous ne craignez pas que l'ennui pesant et lourd
qui énerve le corps, qui démoralise l'esprit, ne soit
pour elle un conseiller perfide ?... Ces matinées pares-
seuses que l'étude n'a jamais remplies et auxquelles
succèdent ces soirées si pleines de vanité et de prestige, rien de tout cela ne vous effraye. . Fous ! qui
lui enlevez les livres et lui laissez les rêves !...

Ecoutez M. E. Legouvé :

« Parle-t-on d'instruire les épouses et les mères ?
Prenez garde ! disent tous les hommes contraires à
cette doctrine ; vous allez renverser la famille.

Parle-t-on de leur donner des droits ? Prenez
garde ! vous allez détruire la nature féminine ; et
ainsi, cachant leur envieux despotisme sous un mas-
que de respect, interdisant aux femmes tout développement intellectuel ou vital, sous le prétexte de leur
laisser l'empire dans la famille, et en les asservissant
ensuite dans la famille, sous le prétexte de leur laisser

leur caractère de femmes , ils transforment la tyrannie même en un hommage menteur.

Eh bien ! je vous le dis, c'est au nom de la famille, au nom du salut de la famille , au nom de la maternité , du mariage, du ménage , qu'il faut réclamer pour les filles une forte et sérieuse éducation...

Être épouse et mère, est-ce seulement commander un dîner, gouverner des domestiques, veiller au bien-être matériel et à la santé de tous ; que dis-je ? est-ce seulement aimer, prier, consoler ? Non, c'est tout cela, mais c'est plus encore : c'est guider et élever ; par conséquent, c'est savoir. Sans savoir, pas de mère complétement mère ; sans savoir, pas d'épouse vraiment épouse. »

Et moi j'ajoute : Les hommes font les lois, mais ce sont les femmes qui font les mœurs ; l'éducation des femmes est donc une chose de la plus haute importance, puisqu'elle exerce une si grande influence sur la moralité des peuples.

— L'éducation , Messieurs, doit marcher de pair avec l'instruction. L'enseignement de la musique, par exemple, est un puissant moyen d'éducation populaire.

Elle a une influence morale des plus heureuses, et l'enfant, comme l'adulte , en puisant à cette source bienfaisante pour son instruction, y puise beaucoup pour son éducation.

Les sociétés musicales peuvent donc apporter un concours très-efficace à la tâche que nous devons entreprendre. Il en est de même des sociétés de secours mutuels, et, en un mot, d'un grand nombre d'applications du principe d'association.

Outre les avantages que tout le monde reconnaît, à

première vue , à l'association , elle peut encore être considérée comme une bonne école pour l'apprentissage de la discipline. La discipline bien entendue, est une des pierres angulaires de l'Etat social.

Nous l'avions complètement oubliée. Il faut y revenir Ce qu'il nous faut aujourd'hui, ce sont des hommes ayant conscience de leur devoir, et non des ramollis préférant la chope et le cigare à un travail quelconque.

L'égoïsme, la vanité, et l'incapacité nous ont plongés dans l'abîme.

Prenons bien garde de faire de nos enfants des égoïstes, des vaniteux, des incapables.

Elevons-les en vue de la société plutôt qu'en vue de l'intérêt personnel et des jouissances matérielles.

L'intérêt personnel et les jouissances matérielles donnent naissance à une sorte de chancre qui ronge et détruit tous les bons sentiments , et qui fait d'un homme un cadavre et d'une société ce qu'on en a fait pendant 18 années d'un règne scandaleux et déshonorant.

Faisons l'éducation sociale de nos enfants. Apprenons-leur quels sont les devoirs de l'homme dans la famille et dans la société.

En fait de connaissances , enseignons-leur largement ce qui peut leur être utile dans la situation où la Providence les a fait naître, mais ne cherchons pas à leur enseigner des choses qui , en les jetant dans une voie où ils seraient bientôt obligés de s'arrêter, en feraient des hommes déclassés.

Les déclassés ! race anti-sociale, et dangereuse au dernier degré, toujours mécontents du Gouvernement quel qu'il soit et de la société, ils sont les ennemis les plus acharnés de l'ordre. C'est parmi eux que se recrutent les émeutiers et les communards de la pire espèce.

Il est sage, il est d'ordre social que chacun reste dans sa sphère.

L'ambition ne doit pas nous porter à en sortir mais seulement à y conquérir un rang honorable , élevé même, si nous pouvons. De cette façon , les classes de la société ne se détestent pas, loin de là, elles s'har monisent admirablement et forment les rouages d'un état social dont le fonctionnement a pour résultat ,e développement pacifique de tous les progrès et de toutes les libertés.

Ce sont ces idées, ces aspirations que je souhaiterais à la France. Pour qu'elle se les approprie et les fasse entrer dans ses habitudes, il faut s'adresser à l'homme quand il est enfant.

C'est donc l'école et toujours l'école qui doit attirer toute l'attention e t toute la sollicitude , non-seulement de la famille, mais de tout Gouvernement sage et intelligent.

L'école contient toutes les destinées de l'avenir.

C'est là qu'elles doivent être préparées et élaborées avec soin.

C'est la source d'où devront s'écouler les eaux salutaires qui régénèreront la France.

C'est là, et là surtout qu'est son salut.

Faisons des écoles, faisons qu'il n'y ait plus d'ignorants. La liberté est sortie des écoles , elle a grandi par elles; c'est par elles qu'elle achèvera de s'établir. La liberté et la civilisation sont solidaires l'une de l'autre. C'est la même cause, c'est la même espérance, c'est la même religion. N'ayons pas de peur pusillanime, ne reculons pas devant des dangers éphémères. Regardons plus haut. Ne séparons pas le présent de l'histoire. Semons la liberté avec les lumières. Instruisons-nous. Réveillons-nous enfin et que le travail nous vivifie.

Etudions, étudions, il en est temps encore.

Tenez, je me souviens d'une belle phrase dans l'ordonnance rendue, en 1573, par l'électeur Jean Georges de Saxe :

« Nous voulons et ordonnons que les autorités de chaque commune élèvent régulièrement des écoles, que chacun y envoie ses enfants, pour les soustraire au libertinage de l'oisiveté, aussitôt que l'âge le permet, et pour les faire élever dans la crainte de Dieu, ainsi que dans les habitudes de la discipline. »

Je pourrais, si je le voulais, multiplier à l'infini des citations de ce genre chez les peuples étrangers, mais ce serait vous faire rougir et je veux vous épargner cette honte.

Voyons maintenant où mène l'ignorance au point de vue des relations des peuples entre eux, du droit des gens, au point de vue social, au point de vue politique.

Occupons-nous d'abord du droit des gens.

La France, cette terre du sentiment, avait, il n'y a pas longtemps encore, une partie de son territoire occupée par les Allemands qui, semblables aux anciens Germains, leurs ancêtres, ont tout mis à feu et à sang sur leur passage, dans les pays qui avaient une lueur de patriotisme. Les hommes n'ont-ils donc progressé dans l'art de la production que pour arriver à la perfection des instruments de barbarie qu'ils emploient pour se détruire ?

En vain les philosophes ont jeté l'anathème sur ces préparatifs de mort, les peuples n'ont rien voulu comprendre, et les exploiteurs royaux qui les conduisaient sont arrivés à leurs fins. La querelle de deux couronnes a fait jeter deux peuples l'un sur l'autre comme des fous achevés qui tuent, brûlent, pillent et se livrent aux derniers outrages, dans l'unique but de faire du mal: la haine allume la vengeance, et la vengeance la haine.

Pauvres peuples, n'est-ce pas votre ignorance qui vous conduit toujours sur cette voie de désolation? On vous dit: battez-vous, égorgez-vous, et vous faites tout cela sans dire: Mais pourquoi? Je n'en veux pas à mon voisin et je ne pense pas lui avoir fait du mal pour qu'il cherche de son côté à m'en faire. Non, point de réflexions, les intéressés trempent un drapeau dans le sang, ils vous disent que l'honneur est au bout. A cette vue comme des taureaux furieux vous vous jetez les uns sur les autres, vous vous éventrez, le sang excite votre folie, et, pareils à des démons qui dansent avec la mort, vous allez jusqu'à ce qu'elle vous saisisse et vous précipite dans l'éternité.

Quand donc l'ignorance disparaîtra-t-elle du monde? Quand donc se feront sentir les avantages de l'instruction?

Arrivons à la question sociale.

Derrière le mouvement parisien que tous nous avons déploré, comme derrière toutes les révolutions que nous avons eues, comme derrière toutes celles que nous aurons encore, il y a avant tout l'idée sociale, et pas autre chose, l'idée sociale dominant toutes les réformes municipales et autres inscrites sous le drapeau de la commune, l'idée sociale dont on n'étouffera jamais le germe tant qu'il y aura des malheureux dans ce bas monde, mais qui d'autre part, sera forcément vouée à l'impuissance tant qu'on voudra la faire triompher à coups de fusil.

Est-ce une chose vraiment bien terrible, bien épouvantable que ce socialisme qui fait dresser les cheveux sur la tête des bourgeois conservateurs , et contre lequel on accepte toutes les dictatures et toutes les tyrannies ?

En théorie, mon Dieu, non ; mais en pratique, cela diffère sensiblement, eu égard à l'impatience des appétits, à la violence des intérêts qui se heurtent.

Le socialisme qui constitue un problème extrêmement compliqué pour les penseurs et les économistes est pour le peuple une chose étonnamment simple.

Nous sommes malheureux, nous ne voulons plus l'être.

Nous gagnons peu d'argent, nous en voulons gagner plus.

Voilà l'essence du socialisme, voilà le germe d'où sont sorties toutes nos guerres civiles.

Quand le peuple fait une révolution et renverse un gouvernement, ce n'est évidemment pas pour le plaisir de changer de pouvoir, ce n'est pas non plus pour le triomphe de certaines idées un peu abstraites auxquelles il n'est peut-être pas complètement insensible, mais qui ne le touchent pas d'assez près pour qu'il se donne la peine de se faire tuer en leur honneur.

Quand le peuple fait une révolution, c'est surtout, avant tout, parce qu'il espère arriver, grâce à cette révolution, à une amélioration matérielle de sa situation, parce qu'il compte qu'elle lui ouvrira une route vers le bien-être.

Et certes on ne saurait contester la légitimité de ces prétentions et de ces aspirations qui sont inhérentes à la nature humaine, et auxquelles nous sacrifions chaque jour notre repos, notre tranquillité de corps et d'esprit.

Mais le malheur, c'est que le peuple dont la logique brutale ne connaît pas d'obstacles, c'est que le peuple ne veut pas comprendre que si une révolution peut renverser un trône en vingt-quatre heures et même moins, elle ne peut pas renverser avec autant de facilité et de promptitude l'immense échafaudage d'intérêts qui se sont fondés, rapprochés, réunis et groupés en faisceau autour d'un système social dix ou quinze fois séculaire.

Vous voulez l'émancipation du travailleur, vous voulez l'association du travail et du capital, parce que, dites-vous, sans le travail, le capital est stérile.

Bon, l'idée est juste au fond, et nous allons chercher le moyen de la réaliser et de la mettre en pratique.

Là-dessus arrive un Monsieur qui s'écrie :

Comment, peuple, tu attends ! Ce que tu demandes est juste, on ne te le donne pas tout de suite, — allons, prends ton fusil et marchons ?

Peuple, on te trompe, peuple on te vole, peuple on t'exploite !

Il y a des gens qui ont dix maisons pour se loger, quatre chevaux pour les traîner, six ou huit banquiers pour conserver leur or, toi tu demeures dans un taudis, toi tu te revêts de haillons, toi tu dois trois semaines à ta gargotte, et l'huissier va saisir tes meubles !

Peuple, cela n'est pas juste !

Peuple, écoute, je te demande vingt-cinq minutes pour renverser cette inégalité inique, pour résoudre le problème social...

Peuple, suis-moi .

Et comment le peuple ne le suivrait-il pas cet effronté charlatan ?

N'a-t-il pas mis le doigt sur sa plaie vive, — la misère,—n'a-t-il pas excité sa passion la plus ardente, —l'envie?

N'a-t-il pas fait passer devant ses yeux ce tableau saisissant du luxe désordonné coudoyant l'infortune à son dernier échelon, ne lui a t-il pas dit avec un accent indigné :

Toi, tu crèves de faim et celui-là crève d'indigestion ?

Les intérêts menacés s'arment de leur côté, le capital se rebiffe et appelle le travail, voleur !

La lutte a lieu, les intérêts qui sont plus forts, plus puissants, qui ont des moyens d'action plus efficaces, les intérêts ont la victoire, et nous retombons dans l'ornière, sauf à recommencer dans vingt ans.

Voilà l'histoire éternelle des mouvements sociaux.

Quelque légitimes soien-elles, les réformes sociales ne peuvent se réaliser que progressivement, par la persuasion, non par la force.

On a souvent comparé le cours d'un fleuve à l'existence de l'homme.

Cette comparaison serait aussi justement appliquée à la vie des peuples. La plupart des fleuves, en effet, alimentés par les émanations de l'océan, peuvent être considérés comme n'ayant qu'une même origine et comme tendant au même but par une marche constante. Rencontrent-ils des obstacles qu'apportent à leur cours les accidents de la nature ou la main des hommes, les plus rapides bouillonnent, se gonflent, et triomphent, en écumant de leur impuissante barrière. Mais à l'endroit où ils ont franchi ces obstacles ils sont devenus troubles et fangeux et il faut longtemps attendre avant qu'ils réfléchissent de nouveau le ciel dans leurs ondes.

Est-ce à dire qu'il faille renoncer à la lutte ; est-ce à dire que, vaincu d'avance, le travailleur, qui n'est ni riche ni instruit, doive croupir éternellement dans sa situation précaire, misérable souvent, en regardant d'un œil envieux l'existence dorée du bourgeois.

Non, certes pas, non, mille fois non, la lutte au contraire, il faut s'y engager franchement, hardiment, mais avec une arme qui ne vous rate pas entre les doigts, avec une arme qui ne vous condamne pas irrévocablement à la défaite.

Cette arme, c'est avant tout, au-dessus de tout, par-dessus tout : l'instruction, et l'instruction qui comporte nécessairement le développement de l'intelligence.

Oui, il faudra qu'on y arrive, à la réforme sociale, car, en vérité, tout n'est pas pour le mieux dans le meilleur des mondes.

Un écrivain anglais très compétent, qui parcourut la France en observateur pendant les années 1787, 1788 et 1789, Arthur Young, juge sévère de la Révolution, résume en ces termes trois années d'étude et de réflexion :

« Impossible de justifier les excès du peuple. Mais, est-ce bien au peuple qu'on doit tout imputer, ou bien aux oppresseurs qui l'ont tenu si longtemps dans le servage ? Celui qui veut être servi par des esclaves, et des esclaves misérables , doit savoir qu'il place sa propriété et sa vie dans une position toute autre que celui qui préfère les services d'hommes libres et heureux ; celui dont les festins se donnent au bruit des gémissements ne doit pas se plaindre si , au moment de l'insurrection, ses filles lui sont ravies et ses fils massacrés. Quand il arrive de tels désastres, c'est plutôt à la tyrannie du maître qu'à la cruauté des serviteurs qu'il les faut attribuer. Tous les journaux mentionnent le meurtre d'un seigneur, l'incendie de son château ; mais où irons-nous chercher la liste des exactions de ce seigneur sur ceux qui voyaient leurs enfants tomber autour d'eux faute de pain ? Où trouverons-nous la minute des citations adressées à ces pauvres gens pour comparaître devant le financier qui les déchirait et le seigneur qui les accablait de sa justice dérisoire ? Où trouver les jugements de l'intendant et de ses subdélégués , qui déchargeaient l'homme bien en cour pour charger d'autant un voisin misérable ? Qui s'est donné la peine de suivre, et pour les mettre au jour, toutes les ramifications du triple despotisme royal, seigneurial , ecclésiastique, atteignant jusqu'en ses dernières extrémités ce corps épuisé de misère ? »

Et Bossuet auparavant avait bien raison de s'écrier :

« Si nous sommes tous frères, tous faits à l'image de Dieu, et également ses enfants, tous une même race et un même sang, nous devons prendre soin les uns des autres ; et ce n'est pas sans raison qu'il est écrit : « Dieu a chargé chaque homme d'avoir soin de son prochain. »

Il n'y a que les parricides et les ennemis du genre humain qui disent comme Caïn :

« Je ne sais où est mon frère : suis-je fait pour le garder ? »

N'avons-nous pas tous un même père ?

N'est-ce pas un même Dieu qui nous à créés ? Pourquoi donc chacun de nous méprise-t-il son frère, violant le pacte de nos pères ?

« Le frère aidé de son frère est comme une ville forte. »

Voyez comme les forces se multiplient par la société et le secours mutuel....

Le fort a besoin du faible, le grand du petit, chacun de ce qui paraît le plus éloigné de lui; parce que le besoin mutuel rapproche tout et rend tout nécessaire. »

« Mais, comme le dit J.-J. Rousseau, la confédération sociale qui protége les immenses possessions du riche laisse à peine un misérable jouir de la chaumière qu'il a construite de ses mains. Tous les avantages de la société ne sont-ils pas pour les puissants et les riches ? Tous les emplois lucratifs ne sont-ils pas remplis par eux seuls ? Toutes les grâces , toutes les exemptions ne leur sont-elles pas réservées ? Et l'autorité publique n'est-elle pas toute en leur faveur ? Qu'un homme de considération vole ses créanciers ou fasse d'autres friponneries , n'est-il pas toujours sûr de l'impunité ? Les coups de bâton qu'il distribue, les violences qu'il commet , les meurtres mêmes et les assassinats dont il se rend coupable, ne sont-ce pas des affaires qu'on assoupit, et dont, au bout de six mois, il n'est plus question ? Que ce même homme soit volé, toute la police est aussitôt en mouvement, et malheur aux innocents qu'il soupçonne ! Passe-t-il dans un lieu dangereux, voilà les escortes en campagne ; l'essieu de sa chaise vient-il à se rompre, tout vole à son secours ; fait-on du bruit à sa porte, il dit un mot et tout se tait ; la foule l'incommode-t-elle, il fait un signe et tout se range ; un charretier se trouve-t-il sur son passage, ses gens sont prêts à l'assommer, et cinquante honnêtes piétons allant à leurs affaires seraient plutôt écrasés qu'un faquin oisif retardé dans son équipage.

Tous ces égards ne lui coûtent pas un sou. Ils sont le droit de l'homme riche, et non le prix de la richesse. Que le tableau du pauvre est différent ! Plus l'humanité lui doit, plus la société lui refuse : toutes les portes lui sont fermées, même quand il a le droit de les faire ouvrir ; et si quelquefois il obtient justice, c'est avec plus de peine qu'un autre n'obtiendrait grâce ; s'il y a des corvées à faire, une milice à tirer, c'est à lui qu'on donne la préférence ; il porte toujours, outre sa charge, celle dont son voisin plus riche a le crédit de se faire exempter ; au moindre accident qui lui arrive, chacun s'éloigne de lui ; si sa pauvre charrette renverse, loin d'être aidé par personne, je le tiens heureux s'il évite, en passant, les avanies des gens lestes d'un jeune duc ; en un mot, toute assistance gratuite le fuit au besoin précisément parce qu'il n'a pas de quoi payer ; mais je le tiens pour un homme perdu, s'il a le malheur d'avoir l'âme honnête, une fille aimable et un puissant voisin.

Une autre attention non moins importante à faire, c'est que les pertes du pauvre sont beaucoup moins réparables que celles du riche, et que la faculté d'acquérir croit toujours en raison du besoin. On ne fait rien avec rien : cela est vrai dans les affaires comme en physique. L'argent est la semence de l'argent, et la première pistole est quelquefois plus difficile à gagner que le second million. Il y a plus encore : C'est que tout ce que le pauvre paye est à jamais perdu pour lui, et reste ou revient dans les mains du riché ; et comme c'est aux seuls hommes qui ont part au gouvernement, ou à ceux qui en approchent, que passe, tôt ou tard, le produit des impôts, ils ont, même en payant leur contingent, un intérêt sensible à les augmenter.

Résumons en quatre mots le pacte social des deux états. Vous avez besoin de moi, car je suis riche, et vous êtes pauvre ; faisons donc un accord entre nous : Je permettrai que vous ayez l'honneur de me servir, à condition que vous me donnerez le peu qui vous reste, pour la peine que je prendrai de vous commander. »

Il est clair que la répartition de la fortune publique présente parfois des inégalités choquantes.

Il est certain que lorsque l'ouvrier rencontre sur sa route, une fille d'alcôve qui mange des fraises en décembre, alors que chez lui on économise le pain bis, cela ne lui paraît ni très moral ni très juste.

Il est positif que lorsque certains fonctionnaires impériaux comme le maréchal Vaillant, par exemple, recevaient deux cent quatre-vingt-dix-sept mille francs d'appointements pour ne rien faire, la chose semblait un peu forte au mercenaire qui travaillait de 7 heures du matin à 7 heures du soir pour gagner quarante-cinq sous et quelquefois moins.

Aussi le gouvernement de l'Empire a-t-il plus que tous les autres envenimé et élargi la plaie sociale par son luxe malsain, ses cumuls impudents et sa pourriture morale.

L'instruction n'est ni gratuite ni obligatoire , rendez-là gratuite et obligatoire.

Voilà une révolution à laquelle nous applaudirons des deux mains et qui produira mille fois plus de résultats que les ordres de bataille du général Dombrowski.

Il ne s'agit en aucune façon d'attendre le bon plaisir des gens qui sont sur le duvet, mais il s'agit d'attendre que le prolétaire soit assez intelligent et assez instruit surtout, pour dire au privilégié : j'en sais aussi long que toi. Egal par la naissance , je suis ton égal aujourd'hui par l'intelligence et l'instruction. Qu'as-tu de plus que moi ? Le capital. Moi j'ai le travail qui lui est supérieur, car le travail aidé de l'intelligence crée le capital. Par conséquent, part à deux.

. Lorsque nos aïeux ont fait la révolution de 89, depuis des années et des années, cette révolution se préparait, couvait et fomentait dans les esprits.

Cette révolution précisément n'a pas été l'œuvre de la force et de la violence brutale, elle a été la révolution de l'intelligence, de l'instruction, de la capacité, sur l'ignorance, les folies et l'immoralité d'une noblesse qui, depuis trente ans, vivait au milieu des danseuses et des petits soupers. Nos aïeux avaient lu l'Esprit des Lois de Montesquieu, le Dictionnaire philosophique de Voltaire, le Contrat social de Jean-Jacques Rousseau, et lorsqu'ils ont aboli dans la nuit du 4 août les priviléges de la noblesse ils avaient le droit de lui dire : pourquoi conserveriez-vous ces privi · léges, nous vous sommes supérieurs en tout, en intelligence, en instruction et en moralité.

Quand l'ouvrier pourra dire cela au bourgeois, la

révolution sociale sera accomplie, mais pour y arriver, il faut d'autres enseignements que ceux de Jules Vallès ou de Gustave Marotteau. Il faut placer au seuil de la révolution sociale cette réforme primordiale, nécessaire, indispensable, sans laquelle le prolétaire n'arrivera jamais à rien : l'instruction.

Terminons par la question politique.

Et ici, qu'on me permette de répondre à l'avance à ceux qui m'accuseraient, dans l'ignorance de la loi, de dépasser mon droit. Je ne puis, sans l'agrément du gouvernement, faire une conférence politique proprement dite. Mais à l'occasion d'une conférence littéraire, pour laquelle une simple déclaration au sous-préfet suffit, et où j'ai le droit incontestable et incontesté de traiter sous toutes ses faces la question sociale, je puis m'occuper également de la question politique, lorsqu'elle est une des conséquences de mon sujet et cette matière si intéressante de l'instruction est si complexe, personne ne le pourrait nier, qu'elle embrasse la politique comme tout le reste, et que ce serait un oubli impardonnable de ne point la traiter à ce dernier point vue. — Ceci dit, je continue.

On vous a annoncé pendant 18 ans tout ce qui est arrivé, mais toujours par vos votes, vous avez donné carte blanche à un misérable dont vous connaissiez les antécédents et que vous saviez capable de tout.

Croyez-vous que nous ne nous rappelons pas avec douleur vos cris, vos chants et vos votes pour l'homme du 2 décembre qui nous a précipités dans l'abîme.

Quand, ô terrible souvenir ! Vous avez bourré avec vos bulletins : oui, les caisses du plébiscite, vous avez chargé la mine qui a éclaté d'une façon si funeste.

Vous avez tout livré à un maître, et ce maître , au lieu d'être touché de votre confiance obstinée a trahi toutes ses promesses et insulté à votre générosité.

Au lieu de la paix vous avez eu la guerre, et au lieu de la prospérité vous avez eu la misère.

Voilà où conduit l'ignorance, et partant la soumission à ceux qui ont intérêt à servir fidèlement les desseins d'un despote.

On vous a donné Bonaparte comme l'organisateur naturel et légitime d'une révolution qui a commencé, il y a 84 ans, par un désintéressement sans bornes et la suppression de tous les privilèges, et à la place de l'amour de la liberté et de l'égalité, qui avait fait faire de si grandes choses, Bonaparte mit dans les âmes la passion de l'ambition personnelle et de l'égoïsme, qui a fini par briser le ressort moral du pays et par l'isoler lui-même de la nation.

On vous l'a peint comme un bienfaiteur de l'humanité, et au lieu de travailler à l'émancipation des peuples, il leur a préparé de longues années de misères et de déceptions.

Les bienfaiteurs de l'humanité sont ceux qui s'appliquent à faire régner la vertu et l'affection dans le monde. N'a-t-il pas fait tout le contraire ? N'a-t-il pas mis le vice à la place de la vertu et la haine à la place de l'affection.

Au reste, le procès Janvier de la Motte caractérise un système politique et marque un régime à l'épaule. La honte en a atteint non-seulement le fonctionnaire infidèle, mais le gouvernement qui, connaissant les concussions de son agent, au lieu de les arrêter les a encouragées, au lieu de les punir les a récompensées.

Le bonapartisme était jugé comme politique, le procès Janvier de la Motte l'a fait juger comme moralité.

Ce Napoléon maudit qui a commencé par un parjure, et fini par la plus insigne lâcheté, il a ruiné, il a opprimé, il a emprisonné, il a banni, il a étranglé ses contemporains, et on vous l'a montré comme une victime.

Il a pâli, il a abandonné ses troupes, il a rendu à Sedan une épée qu'on ne lui demandait pas, il ne sut être ni citoyen, ni soldat, ni général, et on vous le vantait comme un héros.

Il entra pauvre en France et la trouva riche, il en sortit immensément riche et la laissa excessivement pauvre, après l'avoir mise à deux doigts de sa perte, et l'avoir précipitée dans un gouffre. Ce que l'orgueil a pu inventer de plus humiliant, la barbarie de plus cruel, le despotisme de plus écrasant, Bonaparte l'a inventé ou plutôt pratiqué.

Voilà ce que vous auriez su, travailleurs, si vous n'étiez pas restés dans les ténèbres de l'ignorance, voilà ce que vous saurez avec l'instruction. Alors vous serez dégoutés à jamais, j'espère, de vous donner un maître et vous n'oublierez pas qu'il a été écrit : «Vous n'avez d'autre maître que Dieu ! » C'est-à-dire la justice et la vérité.

Vous ne vous soucierez ni de Chislehurst, ni de Chambord, ni de Chantilly. Vous laisserez la famille Bonaparte à ses crimes héréditaires, Henri V à ses manifestes, d'Aumale à ses chasses, sans vous en tourmenter autrement. Vous êtes la force, parce que vous êtes le droit.

Oui, c'est encore grâce à l'ignorance que cette majorité de l'Assemblée nationale qui depuis long-temps est en contradiction avec les aspirations du pays et s'en fait gloire voudrait nous imposer la monarchie.

Voyons, en définitive qui pourrait à l'heure actuelle lutter contre la République.

Je ne parle plus des Napoléons. Il ne faut pas trop remuer la boue, ce serait se salir les mains mal à propos.

Serait-ce monseigneur le comte de Chambord ?

Monseigneur le comte de Chambord peut-il conserver quelques illusions sur ses chances à la couronne ?

Sur quoi s'appuie-t-il en effet, quelles sont ses attaches en France, quels sont les dévouements sur lesquels il lui est permis de compter ?

Est-ce l'armée ?

Non pas, car ni officiers, ni soldats ne sont tentés de voir revenir le temps des priviléges nobiliaires où il suffisait d'être comte ou duc de n'importe quoi pour se voir mis d'emblée à la tête d'un régiment !

Est-ce la classe ouvrière ?

Inutile d'insister.

Est-ce la classe bourgeoise ?

Pas davantage, car le souvenir du cléricalisme outré, des billets de confession et de l'intolérance religieuse n'ont rien de séduisant pour des gens dont les uns ont lu Voltaire et fredonnent les couplets de Béranger, dont les autres, sans être anti-religieux, veulent d'une religion facile, tolérante et commode dont la pratique ne les fatigue pas.

Est-ce le clergé ?

Pas même, car là aussi vous trouvez nombre d'esprits libéraux auxquels ne convient pas l'ultramontanisme de la Restauration, et qui rechignent devant l'infaillibilité du pape.

Sont-ce les campagnards ? Eh non !

Car si les campagnards sont amateurs d'ordre, de paix et de tranquillité, peu importe l'étiquette du gouvernement; ils ne connaissent guère le comte de Chambord, et un Bonaparte aurait peut-être plus de prestige pour eux que le descendant d'Henri IV, ce qui prouve que le descendant d'Henri IV n'a aucune chance de se faire couronner.

La légitimité bourbonnienne n'a donc en France ni appui sérieux, ni attache solide.

Je sais bien qu'on a parlé d'une fusion, mais la fusion est impossible (1).

Il reste à Monseigneur le comte de Chambord des traditions glorieuses, des souvenirs respectables. Il n'effacera pas cela en faisant une réconciliation dégradante avec une famille dont l'un des membres a voté la mort de Louis XVI, dont l'autre a déshonoré la duchesse de Berry et a traité publiquement le comte de Chambord de bâtard. Henri V ne nous arrivera donc pas un beau matin par train spécial, entraînant derrière son coupé-lit, une interminable file de wagons de bagages, remplis, bourrés, bondés de toutes les traditions surannées, de tous les préjugés, de toutes les routines, de toutes les ignorances, de tous les aveuglements, de tous les vieux galons, de tous les

____

(1) Mes illusions sont tombées depuis cette conférence, et c'est avec un amer désenchantement que j'ai constaté que l'appât d'une couronne faisait faire bien des bassesses aux âmes les moins dépravées en apparence.

vieux habits, de toutes les défroques d'idées, de sys-
tèmes, d'entêtements, en un mot de tout le dépendez-
moi ça, de tout le bric-à-brac politique social et religieux, entassé depuis des siècles dans les greniers et
les armoires de ses ancêtres.

Serait-ce le comte de Paris ?

Mais, comme l'écrivait M. A. Guéroult, l'orléanis-
me considéré comme système n'a jamais été qu'un
expédient de transition, le zéro qui tient la place du
chiffre, un chapeau posé sur le trône pour y garder
une place vide, un juste milieu néga tif qui n'a ni le
respect du passé ni l'intelligence de l'avenir.

Voyez l'histoire de Louis-l'hilippe. Né en 1773,
il avait seize ans, quand éclata le glorieux mouvement
de 89.

Il avait vingt ans à la mort de Louis XVI. Sa situation était difficile. Fils d'un père ambitieux et compromis, ambitieux lui-même , trop intelligent pour
ne pas comprendre la portée de la révolution qui
commençait, avide de la popularité qu'elle devait
faire rejaillir sur ses adhérents , trop jeune pour la
conduire, ou même pour y jouer un premier rôle,
dépourvu de cet ascendant que donne le caractère et
que l'habileté ne supplée pas, Louis-Philippe com-
mença dès lors cette existence agitée, inquiète, équivoque, dont l'empreinte devait se retrouver plus tard
dans sa carrière royale.

Affilié au club des jacobins, assidu aux séances de
la Convention, soldat et général de la République ,
ami de Dumouriez, conspirant avec lui , et forcé de
s'enfuir à l'étranger après la découverte du complot
formé avec le concours de l'Autriche, pour mettre sur
sa tête la couronne de Louis XVI ; proscrit, errant,

retrouvant dans l'exil les princes de la maison de Bourbon, et reprenant à leur égard le rôle et l'attitude d'un premier prince du sang ; sollicitant de la coalition, en 1808, l'honneur de servir en Espagne contre la France, s'humiliant devant l'Angleterre qui repoussait ses services avec défiance, — il rentre en France à la suite des Bourbons en 1814, tout en séparant déjà sa cause de la leur, et en convoitant le trône par son propre compte ; après la seconde Restauration, il caresse l'opposition libérale et s'incline très-bas devant Charles X ; enfin, en 1830, il reçoit, le 2 août de Charles X le titre de lieutenant général du royaume, et s'en sert dès le lendemain pour le chasser de France.

Uue seule pensée, une idée fixe, la poursuite du trône, a servi de lien à cette existence décousue et contradictoire. Pour y parvenir, il invoque indifféremment, suivant les circonstances, les principes de la légitimité et les souvenirs de la Révolution, la filiation d'Henri IV et les trophées républicains de Jemmapes et de Valmy.

Son but est atteint, le voilà roi. Malheureusement, cette même équivoque qui lui a servi de marraine toute sa vie, préide à son royal avénement. S'il règne, est-ce *quoique* ou *parce que* Bourbon ? On n'a jamais pu le savoir, *et adhuc sub judice lis est.* Est-il l'élu du peuple ? Non. Le successeur légitime de Chartes X ! Pas précisément. Quoi donc ? Il est quasi légitime.

Louis-Philippe n'était pas un mauvais homme. Il était humain. Il répugnait à l'effusion du sang, et on assure qu'il n'a jamais rejeté un seul recours en grâce sans avoir revu lui-même tout le procès. Il était régulier dans ses mœurs, presque trop bon père de famille, et pourtant peu de souverains ont été en butte à autant de haines. Pendant quatre ans, de furieuses émeutes républicaines l'ont tenu en échec; les légitimistes, la duchesse de Berry en tête, ont soulevé la Vendée. On eût dit qu'aucun parti sérieux ne voulait abdiquer devant lui et le reconnaître, même comme gouvernement de fait. Sept ou huit assassins ont attenté à ses jours, à toutes les époques, au commencement, au milieu, à la fin de son règne. Le gros du pays l'acceptait, le tolérait, mais ne l'aimait point C'était un moyen d'ordre, un préservatif contre l'anarchie, un pis-aller, rien de plus, rien de moins.

La France sentait instinctivement qu'en s'asseyant sur le trône, le roi de Juillet n'y avait rien apporté de nouveau, aucun principe fécond, aucun de ces instincts puissants qui sont la raison d'être d'une dynastie, et qui taillent de la besogne à plusieurs générations de rois. Il pouvait prendre lui-même l'initiative des réformes, verser, tous les cinq ou six ans, quelque cent mille électeurs dans le corps électoral et élargir ainsi la base de son pouvoir; il pouvait honorer et faire respecter par l'Europe la Révolution qui lui avait livré le trône; il pouvait se considérer comme le précurseur de la démocratie et préparer de longue main son avénement politique. Mais aucune pensée vraiment royale ne hantait cette intelligence souple, mais vulgaire.

Occupé à déjouer les intrigues et à neutraliser les rivalités de son entourage parlementaire, répétant à satiété, à tous ses agents diplomatiques, ce conseil qui résumait toute sa politique extérieure : « Surtout ne me faites pas d'affaire; » il semblait qu'arrivé sur le trône, il ne songeât plus qu'à s'y reposer. Malheureusement quand on ne fait pas la besogne de son temps, elle se fait contre vous. C'est ce qui arriva à Louis-Philippe. A force de tout neutraliser, de tout empêcher, d'atermoyer toutes les questions, il poussa à bout la patience du pays ; il vit ses partisans, jusqu'alors les plus dévoués, se tourner contre lui , la garde nationale croiser la baïonnette contre l'armée qui le défendait, et tomba sans avoir pu se décider ni à remonter franchement, ni à descendre le courant.

Pour quiconque a suivi cette longue suite de contradictions, ces avances alternatives faites tantôt à la légitimité, tantôt à la Révolution , il demeurera évident que ce n'est point un principe nouveau, mais simplement un expédient de circonstance qui a fait son avénement sur le trône de 1830 pour finir en 1848. Ça n'a point été une dynastie qui commençait : c'était une vieille famille qui finissait dans une de ses branches collatérales.

Mais quoi ! Est-il possible d'établir un parallèle entre la monarchie et la République ? Lisez, mes amis, lisez l'histoire des royautés qui se sont succédé en France et qui, toutes sont marquées par des infamies sans nombre, la débauche, la honte, la corruption et la tyrannie. Nous ne parlons même pas de celles qui ont précédé notre première révolution, mais de celles du 19ᵉ siècle.

Napoléon Iᵉʳ a lancé la France dans des guerres ruineuses, a failli consommer notre perte, et par deux fois nous a amené l'invasion.

Louis XVIII, l'ami de nos ennemis , s'est fait imposer par l'étranger et a tenu notre pays sous la terreur. Il suffit de rappeler son nom pour évoquer le souvenir de la chambre introuvable d'assassinats juridiques et de massacres odieux.

Charles X, le roi ultramontain, renversa toutes les libertés. donna un milliard aux émigrés, et poussa la tyrannie si loin que le peuple, dans un jour de colère, abattit son trône.

Louis-Philippe Ier parvenu par une révolution, je vous le disais tout à l'heure, refusa d'accomplir aucune réforme, ne connut que la corruption pour politique, et thésaurisa tandis qu'il contractait plus de 30 millions de dettes et laissa à la République de 1848 la déplorable situation financière à laquelle celle-ci faillit ne pas pouvoir remédier. Puis, après Louis-Philippe, nous avons eu Napoléon III. Vous connaissez son portrait.

Eh bien ! après une guerre inepte et sanglante et une invasion terrible, crimes dont les Bonaparte semblent avoir le monopole, il fallait avoir un gouvernement. La République fut alors proclamée à Paris et acceptée par toute la France paisiblement, sans secousse et surtout sans réaction, et qu'il me soit permis de faire ici une remarque : c'est qu'après chaque révolution qui est venue agiter le pays, la République est apparue comme une ancre de salut, comme un gouvernement nécessaire.

A ce gouvernement il fallait un chef. L'homme qui avait sacrifié son repos, sa santé, sa vie même en allant à travers les frimas parcourir toute l'Europe pour servir son pays, l'homme qui avait été nommé par vingt-six départements pour les représenter, un tel homme s'imposait forcément au choix de la Chambre : M. Thiers fut nommé chef du pouvoir exécutif. Seulement, la majorité de la Chambre qui était royaliste le croyait un homme faible et malléable, elle le trouva fort et résolu. Elle jugea mal sa loyauté, il se montra honnête homme.

Elle le renversa.

Voyons ce qu'a fait la République sous la direction de M. Thiers.

Il fallait d'abord songer au plus pressé, remplir d'or cette immense et ignoble besace que nous tendaient, le couteau sur la gorge, les mendiants prussiens. On fit un appel à l'Europe, et l'Europe confiante dans notre crédit, malgré notre détresse du moment, l'Europe nous offrit 14 fois la somme dont nous avions besoin pendant ces négociations. M. Thiers travaillait encore, travaillait toujours. Avec l'aide d'hommes spéciaux, il fondait des canons, renouvelait nos armes (1), reconstituait l'armée, et couronnait tous ces prodiges par le plus grand de tous, le payement des cinq milliards et la libération du territoire. Voilà ce qu'en deux ans a fait la République ; voilà ce qu'en des conditions identiques ne fera jamais aucune monarchie.

Mais bientôt vont venir les élections. Vous qui m'écoutez, réfléchissez que vous tenez entre vos mains le sort de la France et que par le choix de vos futurs représentants vous ferez pour longtemps, pour toujours peut-être, les destinées de votre pays. Surtout gardez-vous bien de choisir ces gens à double face qui tournent toujours la tête vers le soleil levant, amphibies qui nagent entre deux eaux pour ménager la chèvre et le chou, comme on le dit vulgairement, hermaphrodites politiques qui ont toutes les opinions, sans en avoir aucune. Je me trompe, ils en ont une qu'ils ne manifestent jamais, celle bien arrêtée de

---

(1) Ces engins meurtriers seront nécessaires, hélas ! tant que l'instruction ne sera pas universellement répandue.

ces hommes, n'écoutez pas leur langage hypocrite et melliflu, mais examinez leurs votes et leurs actes à la Chambre. Par ce qu'ils ont fait, vous saurez ce qu'ils feront, s'ils sont nommés.

Voilà pour les futurs candidats à la députation. Quant à la forme du gouvernement, écoutez :

D'un côté vous avez votre jeune République pure de tout excès, vive et féconde, qui vous a déjà donné et qui vous donnera plus largement encore la liberté et l'instruction , ces deux biens qui font l'une la dignité de l'homme, l'autre son utilité et sa moralité.

De l'autre, vous avez la monarchie caduque escortée de ses crimes d'autrefois et de ses convoitises rapaces d'aujourd'hui ; vieille pieuvre qui n'attend que le moment propice d'appliquer ses mille tentacules sur le corps social, pour l'épuiser par ses succions jusqu'au marasme, quelquefois même jusqu'à la mort.., choisissez.

Raisonnons un peu, si vous le voulez bien. Avez-vous songé à ce que serait l'avénement d'un roi ? Et d'abord, vous en feriez un être à part, qu'il faudrait mettre au-dessus de tout le monde.

Il aura des palais, des courtisans, voire même des courtisanes, des officiers nombreux ; une armée imposante et qui servira autant à l'ornement du trône qu'à sa défense. Pour tout cela, il faut beaucoup d'argent. — Il aura donc une liste civile de trente millions, tous les domaines de la couronne ; sans compter les dotations de toute espèce pour les princes et les princesses de sa famille les dignitaires et les grands corps de l'État.—Un roi ne vit pas de peu.

L'argent ne lui suffit pas, et il veut aussi du pouvoir.—Le pouvoir aime le pouvoir et ne s'arrête que leur ambition et de leurs intérêts. Pour bien juger devant les limites, et comme ici je ne lui en trouve guère, j'ai bien peur qu'il aille fort loin.

Mais, direz-vous, il y a le Corps législatif qui lui mesurera toutes choses.—Hélas! je vois un fleuve immense et débordé;—je cherche en vain ses digues!—Je ne veux pas faire de théories; vous ne me comprendriez pas et je m'en tirerais mal, à mon tour;— mais il me sera bien permis de citer un exemple. L'une des attributions les plus importantes du Corps législatif est de voter l'impôt, d'en constater la nécessité, d'en surveiller l'emploi; il tient les cordons de la bourse, a dit un homme d'État fort connu par ses spirituelles boutades. — Or, voici comment les choses se passent. Le roi demande de l'argent, la Chambre examine, accorde ou refuse; de là une petite conversation, — quoi! — comme celle que nous avons à cette heure, et elle ne manque jamais d'intérêt, au moins pour les contribuables. Le suffrage universel, lui, écoute et dit son mot quand l'heure est venue. Jusque-là, tout va bien. Mais je suppose que le roi, qui a des forces immenses qu'on lui a confiées dans un intérêt social et pour protéger les braves gens, les détourne de leur véritable but et les emploie à faire les élections? — Alors, tout est perdu, je le crains bien; le dialogue fait place au monologue du roi se parlant à lui-même. Désormais, il est seul; il règne, gouverne, administre, légifère, Tout est concentré dans ses mains; il tient la bourse et les cordons.

Est-ce bien ce que vous voulez?

L'empire était là hier encore, et vous n'avez pas oublié comment il faisait les élections. Quand l'heure arrivait, toute la commune était en branle : le maire, l'adjoint, les conseillers, le secrétaire de la mairie, l'instituteur, l'agent-voyer, le cantonnier, le garde-champêtre,—puis le curé, le sacristain, les marguilliers et jusqu'au fossoyeur , — sans oublier les débitants de vin, de tabac et de poudre, les vieux soldats pensionnés ou secourus; — le tout montant, d'échelons en échelons, jusqu'au préfet, qui ordonnait tout et menait la danse. Il ne dédaignait pas de venir présider le Conseil municipal , et je me rappelle, qu'en 1869, il nous tint un beau discours pour nous prouver que nous devions nommer son candidat. Il nous fit, du reste, les plus belles promesses du monde. — On eut dit qu'il disposait de la pluie et du beau temps. — Je vois encore un mien ami se lever et lui répondre, avec cette pointe de malice qui ne l'abandonne guère : «Le gouvernement est bien *honnête*, M. le préfet, de s'occuper ainsi de toutes nos affaires ; on dit que bientôt il fumera nos terres, alors nous serons satisfaits,— comblés ! En attendant, et puisque nous ne savons rien, au rebours de vous, M. le préfet, qui en savez si long,—eh bien, faites les élections comme vous l'entendrez ;—ce sera toujours la même chose. » Je ne sais pas si le préfet s'aperçut qu'on le *blaguait*, ce qui est certain, c'est qu'il leva la séance.

Avec un roi ou un empereur, les élections ne seront jamais libres et on ne vous consultera que pour la forme.

Encore si le pouvoir du roi était employé au bien général, passe encore ; — mais non, il n'en usera que dans un intérêt personnel qui est trop souvent en opposition avec le vôtre. Sa dynastie a besoin de gloire, et pour cela, elle cherche les aventures et la guerre.—A ce jeu-là, on perd son corps et son âme et on mange sa fortune ; le tout pour augmenter la puissance du roi, qui ne vous en sait aucun gré.

Vaincus, vous donnez votre argent, vos enfants, vos provinces…. Vainqueurs, vous ne savez rien refuser à l'homme providentiel qui vous apporte la gloire, et vous lui faites litière des derniers droits qui vous restent ; de sorte que, dans tous les cas, — battants ou battus,—il faut payer, toujours payer. Vous êtes les perpétuels *en-dessous* de la royauté.

Et quel avantage en retirez-vous? On n'en présente qu'un seul: la fixité, ou l'ordre qui naît de la transmission héréditaire du pouvoir. Merveilleuse fixité ? Mes amis, depuis le commencement de ce siècle huit gouvernements sont déjà tombés, ce qui fait une moyenne de huit ans pour chacun d'eux. Un seul roi, Louis XVIII, est mort dans son lit: tous les autres reposent en terre étrangère.

J'aurais bien des choses à vous dire encore, mais je ne veux pas vous fatiguer. Un dernier conseil, à ce sujet: il faut être maître chez soi, et l'être aussi, suivant son droit et dans la mesure de ses forces, à la commune, au département, et jusque dans l'Etat. Ne l'oubliez jamais, vous avez le cœur droit et honnête, et souvenez-vous de ces deux vers :

> Notre ennemi, c'est notre maître,
> Je vous le dis en bon Français.

En effet, vous qui voulez être gouvernés, consentiriez-vous à prendre un gouverneur pour votre maison ? Je suppose que votre voisin qui en sait plus long que vous vienne vous dire : Ayez confiance en moi, et vous n'aurez pas à vous en repentir : vous verrez tout augmenter, votre bétail, votre grain, vos denrées, vos produits de toute espèce, et en fin d'année, quand vous réglerez vos affaires, vous trouverez de bons écus de plus, et des tracas de moins ; c'est double profit à faire. — Vous qui n'y entendez pas malice, vous lui abandonnez tout, il vend votre bétail, envoie vos provisions au marché, en touche le montant, court les foires où il fait grande chère et se goberge à vos dépens. Et le soir, quand il rentre il fait les yeux doux à la ménagère et commande avec dureté vos serviteurs, vos enfants et vous-même. Je vous vois de là, vous êtes furieux. Ouais, lui dites-vous, paysan doit être maître chez soi, comme charbonnier, et vous le flanquez à la porte.

Vous voulez être maîtres chez vous, et vous avez cent fois raison... Eh bien! quittons votre maison un instant, et allons à la maison commune ; il y a là des intérêts multiplies, variés, qui méritent toute votre attention ; il faut bâtir une école, réparer la vieille église, murer le cimetière où dorment les anciens, ouvrir un chemin, construire une fontaine, creuser un lavoir, et enfin veiller à ces mille choses qui constituent la vie publique communale. Ici encore vous contenterez-vous d'un gouverneur que vous ne nommerez pas, et qui, allant suivant ses goûts, en prendra tout à son aise? Oh! que non pas! Vous voudrez voir de plus près les choses qui vous touchent de si près. Et vous ferez bien. Toutefois, comme vous n'êtes pas seuls, les amis et les voisins ayant aussi leurs droits, et que vous ne pouvez pas tout administrer ensemble, vous choisirez les braves gens les plus avisés. Ils seront responsables, et si vous n'en êtes pas contents, à la prochaine élection vous les laisserez sur le carreau.

Je me rappelle d'un temps où, sous prétexte que les paysans étaient des imbéciles, on ne leur laissait rien faire.—C'était sous la restauration. Le roi, agissant par son délégué, nommait le maire, l'adjoint, le conseil municipal, etc. Vous n'aviez pas voix au chapitre. Les privilégiés faisaient la roue au village, comme dindons en basse-cour; ils étaient les serviteurs de M. le préfet et les maîtres arrogants de la commune. Les choses s'améliorent peu à peu. 1830 vous donne l'élection. 1848 vous apporte le suffrage universel, c'est l'égalité dans le droit, — enfin une loi nouvelle vous permet en général de nommer vos maires et vos adjoints. On n'est pas libre dans l'État si on n'est pas libre dans la commune. Toutes ces libertés ont été assez chèrement acquises pour ne plus vous les laisser enlever.

Le maire aujourd'hui n'est plus votre maître, ce n'est pas à dire pour cela qu'il soit votre serviteur. Non, il est le serviteur de la chose publique, ce qui le relève et le grandit. Il est là, toujours là, enregistrant les actes de votre vie civile, la naissance, le mariage et la mort, administrant, surveillant, faisant la police, assurant la liberté, l'ordre et la sécurité de tous.

Les royalistes de la Chambre voudraient bien revenir sur la concession qu'ils ont faite. Ils avaient compté sans leur hôte, je veux dire sans le suffrage universel; —de sorte que, n'ayant pas de principes, et leurs intérêts ayant changé, ils voudraient aussi changer la loi. Veillons tous, mes amis, car c'est là une conquête précieuse et qui vaut bien la peine qu'on se donne pour la défendre. Criez bien fort, bien haut, par-dessus les toits! Vous avez le droit, — le nombre, c'est-à-dire la force, ce qui ne gâte rien : soyez sûrs qu'on vous entendra.

Vous voyez que là aussi, comme dans votre maison, il ne faut pas tout abandonner à un gouverneur, et que si, en raison de la multiplicité des affaires, et des personnes, il faut nommer des délégués, ces délégués doivent être responsables et comparaître, de temps en temps, devant les électeurs qui les jugent et peuvent leur retirer leur mandat.

Tout ce que j'ai dit de la commune s'applique aussi au département. Tous ces corps électifs, inégaux en grandeur, se touchent par bien des côtés, et ils se ressemblent comme les agneaux et les chevreaux ressemblent à leurs mères. Il y a des intérêts à gérer, des droits à défendre, toute une administration à contrôler, etc. Je dois vous faire l'éloge des conseils généraux élus, donner mon approbation aux commissions départementales, qui laissent beaucoup à désirer sans doute, mais qui, dans un temps peu éloigné, donneront d'excellents résultats, alors que des hommes jeunes, instruits et façonnés à la liberté viendront donner la vie à une institution qui est encore une lettre morte.

Je dois vous parler des routes, des chemins de fer, de la vicinalité grande et moyenne, de l'assistance sous ses modes divers, aliénés, enfants trouvés, soins médicaux, misère ; insister surtout sur l'instruction primaire où il reste tant à faire, près de la moitié de nos enfants ne recevant aucune instruction et ne sachant ni lire ni écrire. Je dois vous parler aussi de l'infériorité de la femme sous ce rapport, alors qu'elle devrait être la première institutrice de ses enfants. Et vous conviendrez que tout irait fort mal si le conseil général était choisi par le préfet au lieu d'être élu par tous les électeurs du canton.

Je vous ai parlé d'abord de vos familles, puis de la commune et du département, et nous avons trouvé qu'il était bien d'intervenir de sa personne dans les affaires générales comme dans les affaires privées. Nos droits et nos devoirs ne sont-ils pas les mêmes ? Vous voulez être maîtres chez vous, et je ne vous en blâme pas ; mais il faut aussi prendre votre part des affaires publiques, et être maîtres dans une certaine mesure à la commune comme au département et dans l'État.

Ce que je vous ai dit des conseils généraux s'applique également aux membres de l'Assemblée nationale, sur laquelle je vous demande la permission de dire quelques mots, en comparant la conduite des monarchistes et des républicains.

Si les monarchistes n'ont pas eu jusqu'ici l'abnégation de ne point troubler le pays, par leurs convoitises odieuses, le patriotisme, la sagesse, la patience des républicains ont été admirables. Aussi dès aujourd'hui la République récolte-t-elle les fruits de la conduite pleine de sacrifices de ceux qui lui sont dévoués. Le flot des indifférents vient à elle et déjà les princes et leurs séides apparaissent comme des îlots perdus dans un océan sans rivages.

Au 8 février 1871, le pays avait envoyé à Bordeaux, pour le gouverner, tout ce qui haïssait la République, tous les débris des monarchies déchues ; à peine si quelques rares départements avaient élu des républicains, dont la présence à l'Assemblée ne semblait pouvoir servir qu'à faire mieux ressortir, par le contraste, l'infériorité numérique.

Ces républicains ne firent pas appel à la violence ; ils déplorèrent le vote qui les avait exclus du pouvoir, mais ils se soumirent, respectant, même dans leurs ennemis irréconciliables, les élus du suffrage universel.

Ils se bornèrent à user de l'arme qui leur restait : la libre discussion.

Pendant que leurs journaux de Paris et des départements propageaient leurs doctrines dans les villes et dans les campagnes, eux luttaient à l'Assemblée.

On avait espéré qu'ils se diviseraient, que les républicains de la veille et ceux du lendemain ne pourraient s'entendre ; que, parmi les républicains de la veille, les plus avancés, les radicaux, suivant l'expression consacrée, et les moins avancés se poseraient en ennemis irréconciliables ; que, dans le groupe même des radicaux, les républicains formalistes se sépareraient des socialistes qui épouvanteraient les populations et les prépareraient à recevoir quelque nouveau sauveur. C'est ainsi que les choses s'étaient passées en 1793 ; à la violence près, c'est ainsi qu'elles s'étaient passées en 1848. On supposait que l'histoire se répéterait une troisième fois.

L'histoire ne s'est pas répétée.

Les hommes qui appartiennent aux diverses fractions de l'opinion républicaine ont mis de côté leurs divergences, et ont conquis cette force : l'union, laissant à leurs adversaires la division : cette faiblesse.

Ils voulaient certainement des choses très différentes ; ce qui était le but pour les uns n'était qu'un moyen pour les autres, mais un moyen dont ils ne pouvaient se passer.

Quoi de plus naturel pour ceux qui considéraient la République comme un moyen que de s'unir à ceux qui la considéraient comme le but. Si les seconds ne voulaient pas tout ce que voulaient les premiers, ils acceptaient au moins une partie de leur programme : la République, qu'il fallait d'abord conquérir. On verrait après pour le reste.

Et chacun, ajournant les espérances qu'il avait jusque-là caressées avec le plus de tendresse, ne songeant plus qu'au but prochain : la consolidation de la forme républicaine, le parti républicain s'est présenté en faisceau devant le camp des monarchistes rendus impuissants par leurs déchirements intérieurs.

L'union des forces démocratiques a eu ce résultat de constituer un programme commun : le programme républicain, formé de tout ce qui se trouvait consenti par les différentes fractions du parti.

Ce programme, la gauche l'a affirmé à la tribune, soit par les projets de loi qu'elle a présentés, soit par la critique de ceux que votait la droite.

Certes, elle n'avait l'espoir ni de faire adopter par la Chambre les propositions qu'elle lui soumettait, ni de faire rejeter par elle les mesures législatives qu'elle combattait. Mais par-dessus l'Assemblée elle parlait à la France et lui disait, par la bouche de ses orateurs : Voilà ce que nous ferions si nous étions au pouvoir, voilà ce que nous ne ferions pas. La presse commentant les discussions parlementaires, retenant quelquefois, poussant souvent, a intéressé le pays aux combats passionnés que se livraient ses représentants. Le peuple a suivi avec attention les péripéties de la politique ; il a vu que, contrairement à ce qu'on lui avait fait accroire, la gauche avait le sens pratique à un degré beaucoup plus élevé que la droite. Il a vu que les républicains qu'on lui avait dépeints comme n'ayant aucune ligne de conduite commune, avaient au contraire un programme très net et très défini, qui lui a paru en même temps très logique et d'une application très facile, et quand le 2 juillet 1871, l'Assemblée a dû se compléter par l'élection de 113 nouveaux députés dans cent colléges, les élections ont été républicaines, et toujours, par la suite, ce résultat a été obtenu.

Aujourd'hui la République est fondée, et les monarchistes de Versailles essaieront en vain de la renverser par la violence ; le 29 novembre, elle a eu la majorité dans l'Assemblée elle-même. Elle l'a perdue de par une coalition passagère et irréfléchie, mais elle l'aurait encore demain si la crise se renouvelait.

Nous pouvons donc songer, dès à présent, à l'heure plus prochaine qu'on ne pense, de la dissolution et à ce qui se passera dans l'Assemblée future.

Il n'est pas difficile de le prévoir.

Le sens de toutes les élections qui se sont succédé depuis le 2 juillet 1871 ayant été toujours le même, on peut prédire à coup sûr que la prochaine Assemblée sera, sinon une Assemblée radicale, du moins une Assemblée républicaine.

Ainsi composée, elle réalisera les réformes qui font partie du programme commun de tous les républicains; mais comme la République ne sera plus en question, les hommes les plus avancés du parti pourront sans danger, et tout en appuyant le gouvernement de leurs votes aussi longtemps qu'il ne s'écartera pas des voies républicaines, se constituer en minorité et faire pour leurs idées particulières ce que tous les républicains font actuellement pour les idées communes à l'ensemble du parti.

De là un nouveau programme, le programme radical mis en opposition avec le programme modéré et soumis au jugement de la nation.

La nation appréciera. Si elle le trouve mauvais, elle continuera de le repousser ; si elle le trouve bon,

elle lui donnera la victoire dans des élections nouvelles, et une troisième Assemblée dotera la France
d'une série de réformes dont la deuxième Chambre
de la République aura refusé de la doter.

Les choses continueront de se passer ainsi. A chaque législature nouvelle, on verra se constituer une
nouvelle minorité proposant de nouvelles réformes
que le pays acceptera lorsqu'elles seront suffisam-
ment mûres, ou repoussera, lorsque définitivement
elles paraîtront inapplicables ou injustes.

Chaque Assemblée apportera donc des réformes
préparées par les minorités des Assemblées précé-
dentes et des projets de réformes destinées à être élaborées par le pays et à être appliquées par les Assemblées suivantes ! Et l'on pourra de la sorte réaliser
tous les progrès sans jamais recourir à d'autres
moyens que le vote et la discussion. Toute idée juste
sera assurée du triomphe à une époque plus ou
moins éloignée. De plus, ce triomphe ne pouvant
être que compromis par les illégalités et les violences
factieuses, il n'est pas douteux que, dans l'intérêt
même de leurs idées, les plus récalcitrants ne se cal-
ment et ne cessent de demander aux coups de main
ce que l'instruction du peuple et les moyens légaux
leur donneront plus vite et plus sûrement.

La France alors aura pris possession de sa voie ré-
gulière, et marchera libre et fière à la conquête de
toutes les libertés de l'ordre politique et moral.

Mais si notre pays s'abandonnant une fois encore,
fatigué par cette incertitude du lendemain qui est la
conséquence des conspirations monarchiques, acceptait, de guerre lasse, une des trois dynasties qui
cherchent à s'imposer à lui, ce qu'il accepterait ainsi

pour sortir des difficultés actuelles, ce serait des bouleversements à venir. Et lorsque, plus tard, une nouvelle révolution·ou une nouvelle guerre viendrait troubler tous les intérêts, mettre en suspens toutes les affaires, il n'aurait plus à se plaindre. Car, cette guerre ou cette révolution, c'est lui qui, en laissant faire la monarchie, l'aurait, de gaieté de cœur, préparée.

Je vous disais tout à l'heure : choisissez. Vous avez déjà choisi la République. Vous ne voulez pas que la ruine soit complète.

Non, la France ne peut périr, elle ne périra pas. Elle renaîtra de ses cendres et redeviendra une grande nation, grande par son indépendance, son génie et sa force. Représentant la liberté, elle sera le phare étincelant qui guidera les peuples vers le progrès.

Mais pour cela, pour que sa décadence ne soit pas complète, pour qu'elle ne tombe pas au dernier rang des nations par son abaissement moral et physique, il ne faut plus que des Français murmurent : « J'accepte la République si elle est possible, » il faut que chacun dise résolûment : « Je veux la République. »

Il ne faut plus qu'il y ait des républicains attendant que la liberté se fonde elle-même : il faut que chacun travaille à l'asseoir avec une volonté inflexible de triompher des difficultés, qu'il n'y ait plus de pusillanimes, de timides, de bourgeois toujours tremblants et sans volonté, ou nous pouvons nous laisser tomber avec découragement et dire avec désespoir : *Finis Galliæ !*

Il faut que l'instruction soit largement donnée au peuple. C'est là la première base de tout édifice républicain.

Qu'est-ce, en effet, que la République ? C'est le gouvernement du peuple par lui-même, le *self-government,* comme disent d'un seul mot les Anglais et les Américains ; et ce gouvernement, pour être vraiment celui de tous par tous, implique nécessairement le suffrage universel. Or, pour que le peuple puisse ainsi se gouverner lui-même par le moyen du suffrage universel, il faut, — ceci est une vérité évidente par elle-même, qu'il n'y a pas besoin de démontrer, mais qu'il suffit d'énoncer, — il faut qu'il soit instruit, éclairé. Autrement le suffrage universel, au lien d'être l'expression du *self-government*, n'est plus qu'un instrument de domination et de despotisme ; et, au lieu du gouvernement du peuple par lui-même, vous avez, ce dont nous venons de faire la si triste expérience, l'abdication du peuple entre les mains d'un César de haut ou de bas étage, ou, tout au moins, ce qu'il fant éviter à tout prix dans une République, l'étouffement de l'intelligence par le nombre brutal.

Il faut moraliser le peuple : c'est la seconde tâche que nous devons entreprendre. La République doit être une école de morale. Le despotisme entretient la corruption, qui l'entretient lui-même, il corrompt les âmes pour les asservir : la République au contraire veut des âmes en qui règnent le sentiment de la dignité humaine, le respect de la liberté et des droits de chacun, le désintéressement, le dévouement à la chose publique. Sans ces vertus, sans une certaine dose au moins de ces vertus, elle est infailliblement condamnée à se consumer dans l'anarchie, laquelle appelle non moins infailliblement le despotisme.

Or, ceux-là qui prennent la démocratie à cœur doivent surtout prêcher d'exemple.

Et ici je ne saurais trop applaudir à ces paroles du général Faidherbe dans la conclusion de l'ouvrage si intéressant qu'il a publié sur la campagne de l'armée du Nord qu'il a si glorieusement conduite : « Le vrai démocrate est celui qui cherche à moraliser le peuple en l'instruisant (tout l'opposé de ce que l'on fait en France), et qui lui donne le bon exemple » Donner le bon exemple, voilà en effet le meilleur garant et peut-être la meilleure propagande des sentiments républicains. Que ceux-là surtout ne l'oublient pas qui veulent être les prédicateurs de la démocratie , ou qui aspirent ou arrivent au pouvoir , à quelque degré que ce soit. Il faut que leurs actes répondent à leurs paroles, s'ils veulent être écoutés ; et plus ils sont en vue, plus il importe qu'ils se surveillent eux-mêmes. Et, en parlant ainsi, je ne sépare pas la moralité privée de la moralité publique, car la première est le soutien et la garantie de la seconde.

Éclairer et moraliser le peuple, c'est du même coup pacifier la société, ce qui est encore un des grands devoirs et doit être un des grands bienfaits de la République.

Non, avec du patriotisme de votre part, voyez-vous, on ne tuera pas la République.

Et, à propos de cette République qui nous est chère, et du terrain qu'elle gagne, permettez-moi de vous raconter une petite histoire très véridique et dont je vous engage à faire votre profit. Il s'agit d'un dialogue entre un curé de campagne et une de ses ouailles qui fréquentait assidûment les cours d'adulte, lisait beaucoup, et pensait plus encore, ce qui lui permettait de fermer la bouche à ceux qui font métier d'exploiter la crédulité des bons paysans.

— Je vous assure, Monsieur le curé, que c'est embrouillé comme un nid de chardonneret, notre politique. Expliquez-moi donc, s'il vous plaît, vous qui êtes un savant, si nous sommes encore en République.

— Maître Pierre, nous ne sommes pas du tout en République.

Alors, Monsieur le curé, nous avons un roi ?—Pas du tout, mais ça viendra, ça vient tous les jours.

Pourtant j'avais lu que M. Thiers disait, il y a quelques temps : la République est le gouvernement légal du pays.

— M. Thiers disait ça pour amuser les républicains et les faire tenir tranquilles.

— Vous croyez donc que M. Thiers mentait ?

— Oh ! non, je ne veux pas dire ça, maître Pierre, mais M. Thiers faisait de la politique.

— Faire de la politique, ça n'est donc pas dire la vérité vraie ?

— Pas toujours, maître Pierre : vous comprenez que l'intérêt de la tranquillité publique veut quelquefois que la vérité soit enveloppée, cachée. Si M. Thiers avait dit nettement : «Au fond je suis d'accord avec les royalistes, » les républicains auraient jeté les hauts cris ; Il fallait les maintenir en leur laissant croire à la République, gouvernement légal du pays.

— Et pourquoi ça ? monsieur le curé.

— Parce que, pendant ce temps-là, les princes et leurs amis avaient le loisir de pouvoir s'entendre pour savoir lequel deviendrait roi, comme s'en est occupé Mgr Dupanloup, et on espère bien que ça va s'arranger ,—on espère toujours, Tous les rois d'Europe, y compris l'empereur Guillaume, voudraient voir un roi sur le trône de France : ils n'aimeraient pas le voisinage de la République, comme vous croyez bien.

— Et vous pensez que M. Thiers prête les mains à cette affaire-là ?

— Oh ! je ne dis pas ça, maître Pierre. Mais tous les conservateurs, les amis de l'ordre, de la religion, de la famille, de la propriété sont d'avis qu'il faut un roi pour gouverner le pays.

— Mais, monsieur le curé, tous les conservateurs, amis de l'ordre, de la religion et de la propriété, étaient bien aussi d'avis qu'il fallait voter *oui*, dans le temps, et ça n'a pas fait du tout les affaires du pays ; le pays n'a plus guère confiance dans ces conservateurs qui ont si mal conservé l'Alsace-Lorraine et les milliards de la France. Aujourd'hui, avec tous les impôts à payer, il faut la tranquillité et que le travail marche bien pour que l'ouvrier puisse gagner sa vie.

— Mon ami, avec le roi, la cour, les princes, les princesses, les ducs, les marquis, les comtes, les barons, tout marchera, tous ces gens-là dépenseront des millions ; le roi aura sa liste civile de 25 à 30 millions par an, les princes, princesses, les ducs comme ministres seront bien payés, tous les préfets seront comtes ou barons...

— Mais, monsieur le curé, d'où viendront ces millions de la liste civile du roi, des princes, des ministres, des préfets ?

— Mais de l'impôt, comme d'habitude.

— Payé par qui ?

— Par tout le monde.

Alors ces millions sortiront de nos poches pour

aller dans celles du roi..., des princes, princesses, ministres, préfets ?

— Comme toujours, pardieu ! et ces gens-là feront travailler les ouvriers.

— De sorte qu'on prendra, par l'impôt, l'argent de tout le monde, on le donnera au roi, aux princes, à leurs amis pour qu'ils fassent travailler tout le monde ; mais si tout monde gardait son argent pour faire travailler chez soi et le dépenser à sa guise au lieu de le donner au roi, aux princes, princesses et à leurs amis, m'est avis, monsieur le curé, que ça vaudrait tout autant.

— Pas du tout, mon ami, ça ne serait pas le règne de l'ordre ; la religion, la famille, la propriété s'en trouveraient très mal.

— Surtout la famille du roi, la famille et la propriété des princes et de leurs amis. Ah ! je comprends, monsieur le curé...., on voudrait encore gruger le pauvre monde au profit du roi, des princes et de leurs amis. — Non pas ! non pas ! j'aime mieux la République.

Ah ! ils ne riront plus de nous, les puissants de ce monde qui se gobergeaient à nos coches et faisaient ripaille à nos dépens.

Qu'ils devaient nous trouver nigauds, naïfs et gobe-mouches, en pensant à toutes les couleuvres qu'ils nous faisaient avaler.

Va, va, mon bonhomme du peuple, se disaient-ils, continue à payer, à servir, à voter *oui*, et à aller en prison de temps en temps, tout cela, tu ne t'en doutais pas, tout cela c'est de la liberté ! Et si tu n'a pas le royaume de la terre, console-toi en pensant que le royaume des cieux t'appartient, car, vrai tu l'as bien mérité.

Moi, M. le curé, je voudrais bien un petit peu du royame de la terre, et je demande la République qui me le donnera.

— Voilà qui est bien raisonné, mes amis. C'est ainsi que tout le monde raisonnera quand tout le monde sera instruit.

— Voyez encore cette lettre d'un brave paysan à un de ses camarades, qui lui demandait ce qu'il pensait de la République : « Ça tiendra tant que nous voudrons, mon ami paysan ; ce sont les hommes qui ont tout fait et nous sommes les maîtres.

Partagez mon souvenir :

Dans le temps de mon jeune âge, ma mère ! Ah ! ma mère !!! me chantait une chanson qui avait pour titre et refrain *la République des Paysans ;* je crois, cher ami, que c'en est le commencement que nous avons ; nous vendons bien nos denrées, nous faisons nos prestations..., mais un peu partout, on forme des écoles pour nos enfants ; sous bien des rapports nous sommes mieux. Elle est donc faite pour nous, cette République ! Ah ! ma mère ! si tu vivais !!! j'apprendrais ta chanson. »

Je ne puis mieux faire, pour corroborer l'opinion de ce brave homme, que de citer ce passage de l'excellente allocution prononcée dernièrement, par M. le général Guillemaut, député de Saône-et-Loire, au comice agricole de Louhans.

« Jamais nos paysans n'ont été mieux nourris, mieux vêtus qu'aujourd'hui ; jamais ils n'ont été plus riches, plus indépendants, plus heureux, et cela tient à ce qu'ils peuvent s'occuper eux-mêmes de ce qui les intéresse. Leur voix a autant de poids dans la balance que celle du plus riche, qui est bien obligé d'en tenir compte. Ils prennent part non-seulement aux affaires de la commune, mais à celles du département, à celles de la France entière, en nommant leurs conseillers municipaux, leurs maires, leurs conseillers généraux, leurs représentants. Ils tiennent aux droits que leur a donnés la Révolution, qui a fait d'eux des hommes, et ils ont raison, car ils ne comptent pas devenir des gens taillables et corvéables à merci. Ils payent sans se plaindre les lourds impôts que leur ont imposés nos désastres, et qui ont été consentis comme nécessaires par leurs mandataires ; ils payent surtout plus facilement qu'autrefois l'impôt du sang, car ils ne le payent plus seuls. Ils travaillent, ils aiment leur pays, leurs champs, leur famille ; ils s'unissent pour soutenir le gouvernement de tous, qui est le leur, la République, qui leur assure l'ordre, la prospérité, le bien-être, la liberté, leurs droits. Voilà, permettez-moi de le dire en terminant, ce que j'appelle l'ordre moral, la ligue des gens de bien. »

Au reste la démocratie a pour elle le principe impérissable de la souveraineté populaire, le droit et la justice. La monarchie ou l'empire ont pour eux le fait, ils sont parce qu'ils sont. Eh bien ! nul n'ignore que le fait est mobile de sa nature, tandis que, au contraire, le droit, lui, est immuable comme la vérité. Le peuple, s'il a créé ou subi ce fait, peut en créer ou en imposer un autre. Et, d'ailleurs, n'avons-nous pas assez d'exemples dans l'histoire de ce siècle, de Gouvernements de faits inébranlables en apparence tombés en poudre d'un seul bloc, en un seul jour ?

Ce qui s'est passé hier peut donc arriver demain. Vous voyez bien qu'il n'y a que la République qui puisse nous assurer la tranquillité à laquelle nous aspirons tant.

Aujourd'hui d'ailleurs les esprits ont marché, la lumière a grandi, quelque effort qu'on ait fait pour l'éteindre, elle apparaît à tous les yeux dans ce symbole éclatant :

Liberté, Egalité, Fraternité.

La Liberté c'est la base indispensable de tout gouvernement digne de ce nom, c'est le granit sur lequel peut seul s'asseoir sans s'effondrer ce majestueux édifice qu'on nomme la société.

La liberté est, dans son principe, la faculté qui permet à l'homme de se diriger lui-même, de disposer de lui-même, en un mot d'être *son propre maître*, au lieu d'être la chose d'un autre, comme un outil ou un animal.

Cette faculté, qui le distingue ainsi de la bête et lui donne la responsabilité de sa conduite, exige qu'il ne soit entravé dans aucun de ses actes, à moins que ceux-ci n'aient pour effet de porter atteinte à la même liberté dans ses semblables.

Il doit donc pouvoir, sous cette condition, penser et parler librement, travailler librement, user librement du fruit de son travail, etc.

C'est précisément pour assurer l'exercice de toutes ces libertés naturelles et la jouissance des biens qui en dérivent, que sont institués les lois et les pouvoirs publics. Malheureusement les gouvernements ont presque toujours usé de leur autorité pour opprimer les peuples à leur profit. Telle est la tendance de tous les gouvernements monarchiques et aristocratiques. Ils traitent tous les hommes comme des troupeaux. L'esprit du gouvernement républicain est, au contraire, de respecter en eux la dignité inhérente à leur titre d'hommes et d'en faire de libres citoyens.

L'égalité, ce sont les droits semblables pour tous, les charges proportionnées aux forces de chacun, c'est le citoyen protégé contre le despote, c'est l'harmonie du corps social.

Plus de priviléges, plus de distinctions de castes ou de classes, tous citoyens au même titre, telle est l'égalité dans l'État. Elle n'existe pleinement que dans la république.

Peut-elle aller jusqu'au nivellement de toutes les fortunes sous un même cordeau? Non, car ce nivellement serait la ruine de la liberté. Mais ce doit être l'effet de la liberté même, éclairée par une solide instruction, et de lois habilement combinées en vue de l'intérêt public, d'éteindre dans la société la misère, de développer le bien-être général et de rapprocher de plus en plus les conditions sociales.

Ceci nous conduit au troisième terme de la devise républicaine : la fraternité.

La fraternité, c'est le lien du peuple, c'est l'ami secourant l'ami, c'est, comme l'indique l'emblême, la main pressant la main, c'est enfin, en politique, ce qu'est l'amour dans l'hymen, c'est l'union intime des citoyens, c'est l'expansion des cœurs, c'est le sublime rayonnement du beau, du vrai, du juste et du bien.

C'est ce principe qu'exprimait un poëte ancien en disant, aux applaudissements du peuple romain : » Je suis homme, rien de ce qui est humain ne m'est étranger ; « que déjà la philosophie stoïcienne opposait à l'étroit esprit de la cité antique ; que l'Évangile a nommé la charité universelle et formulé dans cette simple maxime : « Aime ton prochain comme toi-même ; » qu'enfin tous les grands écrivains du xviiie siècle ont remis si admirablement en lumière, en développant cette large idée : *l'humanité.*

Je suis très heureux de vous avoir expliqué le sens de cette immortelle devise que des gens de mauvaise foi ont si souvent dénaturée.

Vous ont-ils assez répété, ces exploiteurs du peuple, en agitant ce fameux spectre rouge qui ne vous fait plus peur : la liberté, c'est le communisme ; l'égalité, c'est le partage ; la fraternité, c'est l'impudeur.

Ah ! ces gens-là qui se disent conservateurs me font joliment l'effet de tendre la main aux communeux.

Vous savez maintenant ce qu'est la République, vous savez ce que prêchent les républicains : la vertu, la dignité personnelle, le culte de la famille, l'amour de la liberté, l'amour de l'égalité, l'humanité, le respect de la loi, le dévouement à la chose publique, et vous pourrez faire bon marché des mensonges intéressés et des calomnies odieuses que par dépit l'on se plaît à proférer contre eux.

Instruisez-vous, mes amis, et c'est à vous surtout que je m'adresse, mes amis paysans, les bienfaits de l'instruction vous feront mieux comprendre que je ne saurais le faire les bienfaits de la République.

Je vais vous conter ce qui se fit en 1789, et j'en tirerai une conclusion qui vous concerne.

Le premier dimanche de mars de la grande année 1789, à l'issue de la messe, les cloches sonnèrent dans les villes, bourgs et paroisses de France. Elles appelaient tous les habitants majeurs à se réunir devant la porte de l'église pour examiner l'état des affaires publiques, signaler les abus, en demander la suppression, proposer des réformes, enfin mettre dans un cahier leurs plaintes, doléances et remontrances.

Après avoir fait écrire par l'un d'eux ce cahier, sur lequel chacun, sans distinction, avait le droit de mentionner sa réclamation, son vœu ou son avis, les habitants des villes et ceux du moindre village élurent des députés (de un à quatre, suivant la population), chargés de porter le cahier aux endroits désignés à cet effet, et de le soutenir dans les assemblées du Tiers-État.

Les députés étaient presque tous laboureurs, fermiers, vignerons, maréchaux-ferrants, charrons, charpentiers, maçons, menuisiers, en un mot ouvriers ruraux. Les bourgeois, les gens de loi et de justice, les marchands appelés à représenter les villes, y étaient relativement en petit nombre.

A l'assemblée les abus furent examinés, discutés, les plaintes, les demandes de redressements, les propositions de réformes, écrites dans les cahiers particuliers de chaque ville, bourg et communauté de campagne, furent résumées dans un cahier général, qui est un vrai chef-d'œuvre de bon sens et de sagesse. Puis on nomma des députés chargés de porter à Paris ce cahier de plaintes, doléances et remontrances, et de le soutenir dans l'Assemblée nationale, dont le libre choix des électeurs les appelait à faire partie.

En même temps le clergé et la noblesse avaient leurs assemblées particulières, rédigeaient aussi leurs cahiers et nommaient leurs députés.

Ces députés ainsi nommés par des électeurs qui, eux-mêmes, devaient leur qualité d'électeurs au libre choix de tout le monde; ces députés dont les électeurs, pendant quinze jours de sages discussions avaient pu apprécier le caractère et la capacité, ces vrais députés de la France ont composé l'immortelle assemblée qui sera admirée et respectée dans la suite des siècles, sous le nom de grande Assemblée Constituante. Ses travaux sont la plus belle page de l'histoire de la France et du monde.

Elle a posé les grands principes de liberté, d'égalité, d'ordre, de paix, de justice, principes d'éternelle raison et d'éternelle équité, les principes de 89, sous l'invocation et la protection desquels a dû se placer la constitution impériale de 1852. Ces principes devraient être universellement admis, et ils auraient dû être scrupuleusement appliqués dans tous les temps, quelle que fût la forme du Gouvernement, parce que ces principes sont la vie même de l'humanité.

Pour le malheur des nations, la sagesse de l'Assemblée constituante n'a pas été imitée par celles qui lui ont succédé. C'est peut-être parce que ces assemblées n'avaient pas été élues, comme elle, par le choix libre, éclairé, mûri, du peuple des villes et du peuple des campagnes, votant l'œil et l'esprit ouverts.

Le pays s'est morcelé en partis et en factions. Fureurs, violences, folies, guerres civiles, révolutions, proscriptions, guerres étrangères, désastres, dettes, rien n'a été épargné au pays.

La tempête dure depuis quatre-vingts ans avec de rares intermittences d'apaisement et de calme.

Aujourd'hui encore la terre tremble.

Les partis sont nombreux : légitimistes, républicains de toutes nuances, cléricaux, socialistes de toutes sectes, démocrates de tendances et d'opinions variées, libéraux, il est presque impossible de les compter et de les définir.

Il en manque un qui devrait s'appeler le parti des paysans, et qui se composerait de tous ces braves cultivateurs, de ces modestes ouvriers des villes et des campagnes, de ces honnêtes commerçants qui supportent la plus lourde part des charges publiques depuis que la France est en guerre et en révolution.

On les avait consultés en 1789, et, avec leur bon sens, leur droite raison, ils avaient, dans le calme de leur esprit et la sincérité de leur conscience, répondu, par les cahiers de 1789, avec tant de sagesse et de raison, que les plus habiles politiques ne sauraient encore aujourd'hui mieux ni plus justement résoudre les problèmes sociaux, d'où dépendent le repos et le bonheur du monde entier.

Mais cette partie saine et la plus nombreuse de la population n'a pas toujours voté avec des bulletins écrits par elle-même ; elle a cédé à la pression, à l'entraînement de l'opinion du jour, aux intrigues, aux menaces, aux promesses, aux ruses et aux supercheries des partis, aux influences et au prestige de l'autorité. C'est ainsi que les opinions les plus diverses, les plus opposées, les témérités des fougueux révolutionnaires, les lâchetés de l'humble courtisan ont été, suivant les époques, acclamées par les électeurs.

C'est mon opinion depuis bien longtemps arrêtée que les paysans tiennent dans leurs mains les destinées de la France. Quand ils voudront et sauront voter eux-mêmes, il n'y aura plus ni guerres ni révolutions, et la République n'aura rien à redouter.

On a affirmé entr'autres critiques sur l'instruction obligatoire, et je reviens en deux mots sur ce sujet, qu'elle était contraire à la liberté religieuse et à la liberté politique. C'est là un des grands chevaux de bataille de nos adversaires.

Et d'abord, il est une suppression radicale que je demande aux anciens programmes, c'est celle de l'enseignement religieux donné à l'intérieur de l'école, sous la surveillance des instituteurs. On va, je le sais, crier à l'impiété ; les foudres de l'anathème me frapperont sans m'atteindre. Je parle ici au nom de la liberté même , ses ennemis seuls feindront de ne pas me comprendre. Nous ne voulons pas faire des athées, je l'ai assez démontré au commencement de cette conférence , mais nous ne voulons point faire des hypocrites. — Si cet enseignement religieux était maintenu à l'école, quelle en serait la nature ? Quelle serait l'attitude que prendrait l'instituteur qui serait chargé de le donner? Depuis que nos gouvernants ont daigné, dans leur haute magnificence , nous octroyer les bienfaits de la liberté de conscience, les écoles ont été fréquentées par des enfants appartenant aux différents cultes reconnus par l'État, et sur les mêmes bancs se sont assis catholiques, protestants, juifs, musulmans, etc., je ne parle pas des diverses sectes que renferment les différentes religions et, par suite, de leurs divisions et de leurs querelles.

Il n'y a donc pas, dans cette circonstance, à tenir compte des sentiments des majorités, et celui qui oserait soutenir que, la religion catholique étant la religion de la majorité des Français, on doit donner à la jeunesse un enseignement reposant sur cette doctrine, commettrait une véritable impiété.

Elle aurait pour conséquence, fatale et immédiate, la retraite des enfants appartenant à un autre culte ; nous verrions alors apparaître des écoles protestantes,

israélites, etc., des classes ou catégories s'établiraient
pour répondre à ce que l'on croirait être des besoins
réels, et, au lieu d'élever la nouvelle génération dans
des idées de fraternité et de concorde, elle grandirait
ayant au cœur un ferment de méfiance reposant sur
des prétentions religieuses, et plus tard, au nom de la
religion, nous en serions réduits à voir se renouveler
les guerres religieuses qui ont ensanglanté notre
pays.

Il n'en sera pas ainsi en retranchant l'enseignement religieux du programme de nos écoles. Au dehors, le père de famille, recouvrant toute sa liberté
d'action comme de conviction, pourra conduire son
fils à l'église, au temple, à la synagogue et le confier
au prêtre de tel ou tel culte qu'il payera lui-même,
l'État ayant cessé, à cette époque, il faut l'espérer, de
voter le budget des cultes.

Et puis, à ceux qui prétendent que l'instruction
obligatoire est contraire à la liberté religieuse et à la
liberté politique, je répondrai, sur le premier point,
qu'il n'y a pas de religion qui regarde l'ignorance
comme indispensable au salut, si ce n'est la religion
de l'intolérance qui n'est pas celle du vrai Dieu, du
Dieu de la justice et du droit, dont nous sommes les
serviteurs et qui combat avec nous, en protégeant la
République ; sur le second point, qu'il n'y a pas
de politique qui regarde l'ignorance comme indispensable au succès, si ce n'est la politique des
despotes, et nous sortons d'en prendre.

J'ajoute que, lorsque je demande l'instruction
obligatoire, je la demande évidemment pour les connaissances les plus élémentaires, et, pour tout dire,
je borne mes désirs à la lecture, à l'écriture, au

calcul et autres choses de ce genre. Je sais à merveille que je n'ai le droit d'exiger que le nécessaire et l'indispensable, et que dans le nécessaire et l'indispensable, il ne saurait être question ni de politique, ni de religion. — C'est à nous qu'il appartient de rendre accessibles et faciles à tous les abords de la science. A cet égard, je ne saurais trop recommander la création de bibliothèques, même dans le plus petit hameau, et de réunions publiques ou privées, de conférences intimes, de causeries aimables, où le citoyen qui aura eu le bonheur de recevoir une éducation complète viendra la communiquer à ses semblables moins privilégiés. C'est de là que dépend la grandeur de la France.

Quand on se transporte par la pensée au milieu de cette France du XVIII° siècle, et que l'on voit ce pays, si beau et si favorisé de la nature, se débattre, gémir, étouffer sous une tyrannie séculaire, quand on se représente ses malheureux habitants opprimés à la fois par une royauté en dissolution, par des parlements cruels, par un clergé sans entrailles et une noblesse insatiable, on se demande avec un étonnement suprême comment tant de générations, comment tant de millions de créatures humaines ont pu docilement porter, pendant des siècles, un joug si pesant, si odieux, si barbare.

C'est en reportant un regard attentif sur les siècles écoulés de notre histoire, c'est en interrogeant le passé avec un cœur sincère que tout homme impartial sera capable d'apprécier plus sûrement l'époque où il vit, et obtiendra quelque révélation de l'avenir.

Le tableau de nos annales est de nature à exciter en nous presque à chaque page, deux sentiments opposés : l'un de douleur et de découragement, l'autre d'admiration et d'espérance. D'une part, à l'aspect des innombrables folies et de tant de crimes atroces dont le sol de la France a été le théâtre sous tous les despotismes, on serait tenté de désespérer de l'espèce humaine, si, d'autre part, la République qui, je l'espère cette fois, triomphera de tous les obstacles, ne protestait, au nom de la morale outragée, et ne nous rappelait le noble but où l'humanité doit tendre, et ses destinées immortelles.

Je termine par une citation de Lamennais : « Le « siècle le plus malade n'est pas celui qui se passionne « pour l'erreur, mais le siècle qui néglige, qui dé- « daigne la vérité. Il y a encore de la force, et par « conséquent, de l'espoir, là où l'on aperçoit de vio- « lents transports ; mais lorsque tout mouvement est « éteint, lorsque le pouls a cessé de battre, qu'at- « tendre alors, qu'une prompte et inévitable dissolu- « tion. »

Eh bien ! avec l'ignorance, le pouls cessera de battre, le froid gagnera le cœur, parce que l'ignorance engendre l'indifférence dont je me plaignais au début de cette conversation, et éteint tout mouvement.

Il nous faut donc au nom de la félicité de la France, au nom de son salut, supplier le Gouvernement futur, car il n'y a rien à espérer du Gouvernement de combat, d'introduire dans la législation l'instruction gratuite et obligatoire.

Et vous, messieurs les riches de l'intelligence, travaillez de toutes vos forces à communiquer à vos semblables les connaissances que vous avez acquises dans les lettres, dans les sciences ou dans les arts. Réunissez vos conciteyens le plus souvent possible pour les entretenir des grandes choses de la vie Le cabaret y perdra, mais la morale y gagnera.

Oh ! alors, quand, blanchis et paralysés par l'âge, on vous demandera l'usage que vous avez fait de vos forces, du peu de talent que le ciel ou la patience vous aura donné, à ce moment, écartant de vos mains quelques faibles essais qu'il ne vous aura peut-être pas été permis d'achever, vous montrerez vos concitoyens laborieux, éclairés, épris des éternelles beautés de la morale et de l'art, républicains honnêtes comme le prêchait le Christ, ce grand républicain, et vous direz avec un légitime orgueil :

Notre œuvre la voilà !

Oh ! alors encore, retournant à votre profit cette phrase, qui jusqu'ici n'a appartenu qu'aux têtes couronnées : le roi est mort vive le roi, en présence des monarchies à jamais éteintes, de la République à jamais triomphante, de la patrie redevenue ce qu'elle n'aurait jamais dû cesser d'être, la reine du monde, vous pourrez vous écrier avec un profond élan d'enthousiasme :

La France est morte, vive la France.

J'ai fini, Messieurs. Permettez-moi, avant de descendre de cette tribune, de vous remercier cordialement de l'attention soutenue que vous avez bien voulu prêter à mes paroles et de la bienveillance affectueuse que vous m'avez témoignée, que vous m'avez prodiguée. Croyez bien que j'en conserverai toujours le plus précieux souvenir. Car cette attention et cette bienveillance me prouvent que j'ai réussi dans la mesure de mes forces à persuader aux esprits les plus indécis que la République seule peut nous relever de nos malheurs et faire reprendre à notre chère France, qui subit parfois des éclipses, mais qui est toujours en Europe le grand foyer de lumiére et de chaleur, sa place à la tête des nations.

En revanche, Messieurs, ne craignez point d'abuser de moi, et chaque fois que vous croirez ma présence au milieu de vous nécessaire, je considérerai comme un devoir de me rendre immédiatement à votre appel, n'ayant qu'un seul désir : celui de vous être utile et de vous rendre service.

Je n'ai d'autre prétention que de concourir à la diffusion des idées républicaines. Si j'ai atteint mon but, je me flatte que j'aurai rendu un grand service à notre bien aimée patrie. Tous les despotismes qui qui ont pesé sur ce pays, particulièrement le bonapartisme, qui l'a poussé à l'abîme, ont travaillé à obscurcir les esprits et à dégrader les caractères. Il s'agit de remettre de la clarté dans nos idées et de la dignité dans nos mœurs. Ce sont là les premières conditions de notre régénération. Puissent ces conférences aider à cette œuvre de salut.

Je les considère comme éminemment utiles : car c'est par le livre et par la parole que nous parviendrons à chasser cet ennemi terrible qu'on appelle l'ignorance, et que la poétique antiquité nous a si bien représenté sous la forme de l'hydre à cent têtes !

Quand pourrons nous les trancher d'un seul coup !

Je ne me dissimule pas la difficulté de ma tâche, ni les colères que je vais susciter. Ces colères, je les laisserai passer sans m'émouvoir, c'est avec un sourire de pitié et de dédain que je les accueillerai.

N'appartenant à la cause républicaine et démocratique que par mon amour pour la liberté et pour le droit, par mon respect pour les grandes traditions ré-

.volutionnaires, à cette noble cause que j'ai embras-
sée, bien jeune encore, le jour où j'ai plongé à fond
dans l'étude des questions politiques et sociales, et
que j'ai toujours servie avec dévouement, malgré les
embûches auxquelles j'ai été sujet, j'ai le droit de le
dire bien haut, et ce sera le dernier mot de cet entretien, il n'y a que deux choses au monde devant
lesquelles je m'incline dans l'ordre moral : la vérité
et ma conscience.

Fort de moi-même alors, je ne me soucie point de
ce fameux qu'en dira-t-on, qui fait reculer les esprits
timorés, et je n'accepte comme règle de conduite que
cette devise :

Fais ce que dois, advienne que pourra.

VIVE LA RÉPUBLIQUE !

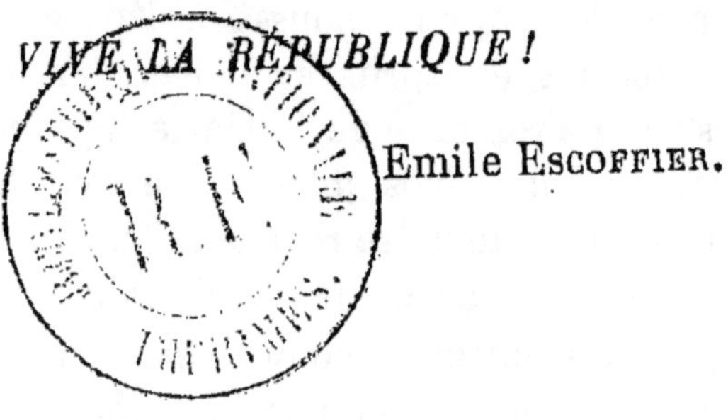

Emile ESCOFFIER.

9998 — Douai. Imprimerie L. CRÉPIN, rue de la Madeleine, 23.